日语教学的发展与实践创新研究

邹　维◎著

吉林人民出版社

图书在版编目（CIP）数据

日语教学的发展与实践创新研究 / 邹维著. -- 长春 :
吉林人民出版社, 2023. 8
ISBN 978-7-206-20317-6

Ⅰ. ①日… Ⅱ. ①邹… Ⅲ. ①日语-教学研究 Ⅳ.
①H369. 3

中国国家版本馆 CIP 数据核字（2023）第 186070 号

日语教学的发展与实践创新研究
RIYU JIAOXUE DE FAZHAN YU SHIJIAN CHUANGXIN YANJIU

著　　者：邹　维　　　　　　封面设计：吕冠超
责任编辑：门雄甲
吉林人民出版社出版发行（长春市人民大街 7548 号　邮政编码：130022）
印　　刷：唐山唐文印刷有限公司
开　　本：787mm×1092mm　　1/16
印　　张：12　　　　　　　　字　　数：200 千字
标准书号：ISBN 978-7-206-20317-6
版　　次：2024 年 1 月第 1 版　　印　　次：2024 年 1 月第 1 次印刷
定　　价：58. 00 元

PREFACE 前言

随着全球经济一体化的发展，促使中日两国的交流合作日益频繁，使得对日语人才的要求也不断提高。从而高校越来越重视对日语教学的改革以提高学生的综合能力，满足时代的需求。在当前不断深入开放的国际背景之下，大学日语教学也呈现出更为旺盛的生命力。但同时也必须注意到，学生对于日语学习需求显著增加的同时，日语教学却存在调整不足，导致教学过程僵化，教学效果不足的尴尬局面。从教育市场上看，这种供需不足如果得不到足够的重视，必然会造成日语教学整体的退行，因此必须引起重视。本书探索分析了当前日语教学方法的现状，并主要针对教学方法提出具体的改革对策，以促进我国高校日语教学的发展，提高日语教学质量。

在日语语言学的教学中，难免会出现一些学习方面的问题，如学习效果跟不上教学的进度，或者阅读能力无法满足日语语言学的要求，所以，日语教师要有耐心，多用发展性的目光去看待学生的发展，针对每一个学生的不足，不要去一味地批评和指责，而是要学会用委婉的方式去引导学生，尽量让学生在教师的期待中而不是鞭笞中得到进步，所以在日语的教学开展中，教师要了解每一个学生的学习特点和个性特征，才能有针对性地开展教学，不仅要以多元化的视角来看待教学任务，也要用多元化发展的目光来看待学生的日语学习过程。日语的教学不能沿用以往教学的模式来开展，要学会在多元化视角下，以创新的途径来提高学生学习日语的兴趣，教师进行日语教学的信心，让学生以正确的态度来看待日语，了解日语的重要性，并且在教师的指导下，提高自身的语言学习能力，从而提高课堂日语教学的效率，推动日语教学的发展。

为了提升本书的学术性与严谨性，在撰写过程中，笔者参阅了大量的文献资料，引用了诸多专家学者的研究成果，因篇幅有限，不能一一列举，在此一并表示最诚挚的感谢。由于时间仓促，加之笔者水平有限，在撰写过程中难免出现不足的地方，希望各位读者不吝赐教，提出宝贵的意见，以便笔者在今后的学习中加以改进。

CONTENTS

目　录

第一章　日语教学概述

第一节　日语教学

一、日语教学的概念

日语教学的概念是什么？这是日语教学论必须回答的问题。

（一）日语教学的定义

日语教学，顾名思义就是教日语的人与学日语的人共同进行的教与学的活动。本书所谓教日语的人指在学校从事日语教学工作的教师，学日语的人指在学校学习日语的学生，而日语教学也主要指在学校或相关范围内开展的有组织、有计划的日语教学活动。

给日语教学下这样的定义，是因为任何学科都需要通过概念来揭示其本质和规律。定义可以用比较简短的语言把概念的内涵和外延表达出来，便于区分不同的事物。比如外语，虽然英语、俄语、德语、法语、西班牙语等都可以归结为外语，但不同语种的教学有不同的特点，其内涵和外延也不一样。教学有广义的教学、狭义的教学、抽象的教学、具体的教学，这些都已经有人论述过了。本书拟在已有理论的基础上研讨日语教学问题。

（二）有关定义的思辨

日语教学与很多学科一样，长期以来注重教师的“教”，而忽视学生的“学”，这种倾向已经受到严厉的批评。尤其是21世纪以来，课程改革理念更新，有些论述强调“以学生为中心”，把以往的教学论称为“教论”，要将教学论改为“学论”，“教案”改为“学案”。我们不赞同这种从一个极端走向另一个极端的观点。做出上述定义，就是要表明，日语教学不能割裂教和学，教和学是矛盾的，但又是统一的。在日语教学活动中，教和学各自具有不同的活动，不能互相代替。但在教学这个特定的范围和环境中，教和学又是不能分离的。日语教学也不是教日语和学日语的简单相加，而是辩证统一的两个侧面。

尽管学生在课堂上自习或回家做作业时，教师不在；教师备课、批改作业时，学生不在。但这并不是教与学的分离，而是在进行各自独立的、不能相互替代的活动。

（三）日语教学的共性和多样性

为了全面、客观地反映日语教学的真实面貌，需要把握其共性和多样性。这样有利于解释各种各样的教学现象，从国内外经验中汲取营养为我所用；也有利于与时俱进，随着社会和科技进步而不断地改变、发展和创新。

这里所说的共性，首先是指日语。即无论小学、中学、大学、职业学校社会办学等教学，都是日语教学。其次，无论哪一层级的日语教学，学生都会经历从不会到逐渐掌握相应的知识、技能等的学习过程。在这个过程中，针对遇到的各种各样的问题，教师需要采用相应的办法解决问题，提高教学效率。

这里所说的多样性是指我国的日语教学既涉及基础教育、高等教育，也涉及职业教育、社会办学教育。需要多种多样的教学资源，利用多种多样的教学形式，调动一切可以调动的积极因素，因势利导、广开学路。例如，基础教育阶段，现实情况是既存在从小学开始的日语教学，也存在以初中或高中为起点的日语教学。开设日语课程的既有一般学校，也有外语学校、职业学校；既有城市的学校，也有城镇甚至乡村的学校。不同学校采用的教学手段各有不同，教学方法也不一样。即便是同一所学校、同一个年级或同一个班级，都不能搞“一刀切”，而需要因材施教，保护学生的个性。教学内容的规格、教学方法的使用、教学效果的评价等都需要多样化、灵活机动，这才有利于日语教学的发展和教学质量的提高。

为此，要在理论上认识和把握日语教学共性和多样性的辩证统一。

二、日语教学的地位和任务

（一）日语教学的地位

日语教学是日语教育工作的组成部分，占有突出且重要的地位。学生接受日语教育，可以在学校、家庭或社会，其中学校是进行全面教育的场所。本书所谓的日语教学主要指在学校里，由受过专业训练的教师，在教育行政部门领导下，按照日语教学大纲或课程标准规定的教学目标和要求开展的有组织的日语教育工作。

1. 日语教学的地位与社会发展

日语教学的地位是由社会发展需要决定的。

我国与日本虽然有两千年的交往历史，但正式的日语教育可以说是起于清末。从 19

世纪 70 年代开始，两国政府及民间的交流不断增加，日语教育应运而生。二十世纪二十年代初期，关于日本的书籍杂志层出不穷，三十年代更是到达顶峰，大量的关于日本和日语的书籍和杂志被发表，同时，很多留日归来的学者也编写、出版了大量日语教材。1937 年到 1945 年，日语教育几乎销声匿迹。1949 年中华人民共和国成立以后，到 1972 年中日邦交正常化之前只有少数外国语院校开设日语课程。

我国基础教育阶段的日语教学是 1972 年中日邦交正常化以后才兴起的。1978 年开始实施改革开放政策后，中国对外交往逐渐频繁，中日关系发展较快。然而由于对日语教学没有统一要求，高考制度恢复后试题范围和难度失控，自发开设的日语教学规模缩小。1982 年教育部颁布《中学日语教学纲要》，用以稳定和规范日语教学，约束高考命题工作。根据《中学日语教学纲要》编写的全国通用初、高中日语教科书也相继问世，日语教学从此走上正轨。这个纲要颁布之后，日语正式列为我国中学开设外语课程的语种之一。

2. 日语教学位于日语教育的核心地位

日语教育是增长知识技能、影响思想品德、提高认知能力的活动；日语教学是在学校教育活动中，教师与学生的教学相长、相互联系、相互作用的活动。这与其他学科教育具有共性。关于教育与教学二者的关系已有论述，这里不再赘言。总的来说，教学的目的是教育，教育的手段是教学。由此可以看出，要实现教育目的，需要通过教学这个重要渠道。教育是灵魂、是宗旨，教学是践行教育宗旨、实现教育目标的途径。如果没有教学，教育就是一句空话，所以教学在教育中处于核心地位，日语教学也不例外。

然而，不能因此就只专注日语教学，忽视日语教育的目的。不少日语教师认为自己的工作职责就是教好日语，与日语教学没有直接关系的都无关紧要，可以不闻不问。这种思想会使日语教学疲于传授日语知识，片面追求应试和升学率。这在很大程度上影响了日语教育工作的健康发第展。日语教育在我国是国家整体教育工作的一部分，必须符合国家的教育方针、教育改革和发展规划。不能只教书、不育人，要通过日语教学这个重要的手段和途径，为国家培养所需人才，为提高学生综合素质，促进学生健康成长做出应有贡献。

（二）日语教学的任务

日语教学的本质属性与日语教学任务密切相关。日语教学的本质属性集中反映于日语教学任务中，有效地完成日语教学任务才能发挥日语教学的作用。

1. 日语教学的一般任务和特殊任务

日语教学的任务是什么？这是日语教学论需要回答的首要问题。多年来，日语教学长期存在偏重传授知识技能，忽视能力和个性培养等问题，结果造成日语教学工作的片面性、盲目性，教学质量不能稳步提高。

日语教学的一般任务是各教育学段、各学科共同的发展趋势、努力方向及统一的基本任务：面向全体学生，落实“以德、智、体”为主要内容的德育工作，培养社会主义接班人。

日语教学的特殊任务主要是使学生掌握日语学科在各个学段需要掌握的、其他学科无法替代的知识、技能及与之相关的各种能力。

一般任务与特殊任务的关系是，一般指导特殊，特殊体现一般。一般任务的制定和特殊任务的制定都是重要的，轻视任何一个方面都是错误的和有害的。

2. 日语教学任务的科学性

日语教学论指导日语教学实践，其提出的教学任务应该符合教学规律，具有合理性、科学性，帮助教学一线人员提高认识，更新教学理念。

如何确保所提教学任务的科学性？其实这是很难做到的。因为各地区、各阶段、各层级的日语教学不一样，教学任务也有所不同。所以，这里无法阐述统一的教学任务，只能研究提出教学任务的依据和方法，供不同地区、不同阶段、不同层级提出教学任务的人或组织参考。

第一，日语教学任务与其他教学任务，甚至其他各领域的任务一样，必须是主观与客观相结合、必要与可能相结合的产物。这是我们提出任务的根本依据。即日语教学提出的任务，是在所处时代、国家、学校必须实行和可能实行的。比如，“具有日语的基础知识和基本技能”这样的任务，在清末学校的日语教育中是提不出来的。在民国时期，也不可能提出“培养有理想、有道德、有文化、有纪律并在不同程度上通晓日语的人才”这样的任务。因此，在提出日语教学任务时，需要先思考：实现这样的任务需要哪些条件？随着社会发展和科学进步，会出现哪些新的可能性？在认真思考这些问题的基础上，再提出日语教学任务会比较切合实际，完成任务的可能性也会比较大。

第二，日语教学任务是教育方针总目标与日语教学实践相结合的产物。教育方针是国家提出的、各学科实施教学时都必须遵循的。如促进学生德智体全面发展就是各个学科、各个阶段教学的共同任务。同时，日语学科有自己的特点和特殊性，与其他学科不同的教学内容和方式。如日语学习总要掌握“五十音图”，了解日语的言语行为特征、学习运用日语的方法等，而这些是其他学科没有，也不一定涉及的。在明确了国家教育方针总目标的前提下，结合日语教学实践，才能实事求是地提出日语教学任务，贯彻、实施日语教学任务时也会提高自觉性、减少盲目性。

第三，日语教学任务是外部要求和教学内部规律相结合的产物。从外部看，日语教学任务总要反映一定社会、生产和科技发展的需求，这是历史唯物主义的基本原理。从日语教学内部看，知识与技能、语言能力和文化素养、思想品德与世界观之间都存在必然联系，而且在一定的条件下互相作用、互相制约，在许多情况下相互为用，相得益彰。正确认识这一点，有助于我们在研制日语教学任务时形成整体观念。日语教学具有教育性，即日语教学总会对学生的某种观点、道德精神产生影响。这是教学重要的规律，古今中外无一例外。

3. 日语教学任务的具体化

日语教学任务，无论是一般任务还是特殊任务都不应该是抽象的，而应该是具体的、可实施的。要提出具体、可实施的任务，就要设置相应的课程，在教学大纲中规定日语学科的具体任务。日语学科的一般任务需要在教学内容、教学方法等一系列环节上具体化。如果一方面提出发展智力的任务，却只考查学习成绩而不考查能力，任务的实施就会落空。

在提出任务的同时，阐明各项任务以及执行任务时各项措施之间的具体联系也很重要。以发展智力为例，过去之所以未能落实，主要原因（除去客观上的社会原因）就是没有搞清楚它同其他方面的联系。比如，为什么学习知识是发展智力的基础，二者为什么有时不一致？发展智力的任务与课程、教材、教法之间是什么关系，有什么规律？如果说不清，所提任务自然就难以落实。

另外，根据形势发展和新的教学经验，不断丰富一般任务和特殊任务的具体内容也是非常必要的。例如，根据世界新技术革命和我国历史新时期的要求，根据国内外教学改革实验的成功经验，许多学者提出一些新内容应该列入教学任务，如培养学生的创造性、独立性、首创精神；保护学生的个性特点，注意学习动机、求知欲；培养学生的学习态度、自学能力，掌握学习方法等。这里预示一个问题，就是教学的一般任务和特殊任务会随着形势发展和教学经验的累积，内容越来越丰富、具体。当然，新的研究成果和时代需求可以丰富我们的认识，但是不是就得采取增加项目的办法来解决问题呢？趋势恐怕不是简单、无限制地增加项目，而应该是提高越来越丰富的、具体的教学内容的概括程度，且项目不宜过多。

综上所述，日语教学是日语教学论的第一基本概念，其内容十分丰富，迄今尚不能断定已经被充分揭示出来。因为日语教学者们对其理解多种多样，所以把握其统一本质和多样性表现，具有十分重要的意义。日语教学对社会和个体发展有较大作用，在日语教育体系中居于中心地位，要正确认识日语教学的概念、地位、作用及其教育形式的特点。随着社会发展和教育发展，我们对日语教学一般任务和特殊任务的认识越来越丰富，因此要重视揭示一般任务和特殊任务内部和外部的客观规律，并将它们不断具体化。

第二节　日语教学论

一、日语教学论的研究对象

日语教学论与一般教学论的整体发展相生相随。

教学论曾被称为教学法、教学理论、教授学，主要研究学校教学现象，揭示教学的一般规律。教学论发展的早期，人们主要是探明教学成功和失败的因果关系。中外教育家对教学现象的探究由来已久，并做出了卓越贡献。如捷克教育家夸梅纽斯（J. A. Gomenius）的《大教学论》全面论述了当时接触的教育现象，提出了至今仍有借鉴意义的许多教学原则。同时，以往的教学论大多在教学经验的基础上讲求教学的方法与技术。《大教学论》中写道，这本书的目的是在“寻找一种教学的方法，使得教员可以少教，但是学生可以多学”。这样的研究虽然很有意义，但却限制了教学论研究对象的范围。

日语教学论研究也是如此，以往的研究多集中在现象和教学法。如王武军曾著书《日语教学法》，论述了日语教学的具体方法和一般原理、原则。随着教育科学的发展，人们对教学现象的认识不断深入和全面。现代的教学论研究已经不能满足“教学方法与技术”，而需要追问更多的问题，如“教学的本质是什么”“教学过程是什么样的”“教学过程中存在什么规律”等。研究透这些基本问题，才能把教学原则、教学内容和方法的提出建立在科学研究的基础之上。简而言之，日语教学论的研究对象和任务就是探讨日语教学的本质及相关规律，寻找最优化的日语教学途径与方法，这样才能达到培养社会所需日语人才的目的。

二、日语教学论的研究基础

（一）日语教学论的研究必须遵循日语教学的客观规律

日语教学论要具有科学性，其根本的立足点是研究客观存在的、不带任何主观随意性的日语教学规律。然而，并不是所有教学论都能明确这一点。如杰罗姆·布鲁纳（Jerome Seymour Bruner）认为，“教学论是约定俗成的通例”，即允许教学论不是客观教学规律的反映，可以由人们根据主观判断而约定俗成。不过，即便明确提出教学论应研究客观教学规律，要真正做到也是很不容易的。历史经验告诉我们，以往的研究往往将教学论与行政领导机关制定的教学工作条例等混为一谈，以后者替代教学论。而我们主张日语教学论在涉及教学本质和相关规律时必须是客观的，要保证日语教学论的客观性和科学性，与“约定俗成”的观点划清界限。日语教育论所显示的教学法则，必须以观察、实验、分析、综合、抽象、归纳的方式，经过艰苦、曲折、反复的努力，才能取得不同的结果。

（二）日语教学论的哲学基础

日语教学论既要以实践经验为基础，也要以相关的科学作为理论基础。哲学中的认识论和方法论就是非常重要的方面。从哲学角度看，日语教学是一种特殊的认识过程。因此，必须以辩证唯物主义的认识论为指导。同时，日语教学又是一个整体，涉及其中方方面面的关系如何处理？

这需要应用科学的方法论，即唯物辩证法。比如教与学的关系，日语与汉语的关系，听、说、读、写技能之间的相互关系，教学理论与教学实践的关系等，都要用对立统一的观点去认识和处理。同时，日语教学活动不是静止的，而是发展变化的。随着日语教学过程不断推进，日语教学诸关系也会随之发生变化，如学生的日语能力由量变到质变等。因此，认识论和方法论会始终指导和伴随日语教学论的研究和探讨。

（三）日语教学论的教育学基础

日语教学论是教育学理论的一个下位分支，它与教育学理论是特殊与一般的关系。日语教学论需要专门阐述日语教学的性质、过程、原理、原则、方法、教学组织形式等，而教育学理论则不会涉及这么具体的学科内容。20 世纪五六十年代，教育学理论把教学的主要任务看成是掌握知识和技能。对日语教学的影响表现为，教学内容上重视语音、语法规则的传授；教学原则上强调自觉性、科学性、系统性、可接受性、巩固性；教学组织形式上重视课堂教学。到了 20 世纪六七十年代，教育学理论有了很大发展。布鲁纳的“知识结构论”与“发现法”是其重要的理论基础；赞可夫在多年的试验基础上，提出了“新的教学系统”和“新的教学原则”；巴班斯基提出了“教学过程最优化”理论。他们的共同特点是教学要注意发展学生的智力，培养学生的能力。这些教学理论也逐步影响到日语教学，在日语教学大纲的教学原则中有所体现。由此可见，日语教学论受教育学理论的影响是必然的。

（四）日语教学论的心理学基础

学生如何学习和掌握外语，这是普通心理学、教育心理学，特别是心理语言学、外语心理学要回答的问题。这些理论关注并描述学生学习外语的心理过程，提供学生理解和领会外语新知识、习得和记忆语言材料的规律、言语机制等相关内容。

日语教学与其他学科的教学一样，是师生的双边活动。日语教学论要根据学生的学习心理过程论述如何组织教学活动，探索教学规律，制定教学原则，确定教学方法。只有把教和学这对矛盾协调一致，才能顺利地开展师生双边活动。可见日语教学论与心理学息息相通，需要以一定的心理学观点作为自己的理论基础。

（五）日语教学论的语言学基础

日语是语言的一种，日语教学论要回答日语教学的目的、日语课程教什么学什么或如何教如何学等问题都离不开语言学。例如，普通语言学关于语言性质、交际功能等学说为确定将日语作为交际工具的教学目标提供了理论根据；语言三要素（语音、词汇、语法）学说和言语活动（听、说、读、写）理论为确定日语教学内容、训练项目和课型设计等提供了科学依据，有利于外语教学一般规律与我国学生学习日语的实际情况相结合；日、汉语的对比研究提示了我国学生学习日语的重点、难点、特点，也是不可忽视的重要方面。

语言学在其发展中不断丰富，产生了许多分支，如语音学（phonetics）、音位学（phonology）、形态学（morphology）、句法学（syntax）、语义学（semantics）和语用学（pragmatics）等。其中，语用学是各分支中一个以语言意义为研究对象的新兴学科领域。它研究如何通过语境来理解和使用特定情景中的特定话语，这对日语教学具有十分重要的意义。此外，随着社会的发展和语言研究的不断深入，还产生了许多边缘学科，如社会语言学、心理语言学、社会心理语言学等。

总之，语言学是研究语言的科学，日语教学论是研究日语教学及其规律的科学。二者的共性是都以语言为研究对象，不同之处在前者研究语言本身，而后者研究日语教学。为此，需要在共性指导下研究特性，即把语言学作为日语教学研究的理论基础之一。

从上述关系可以看出，当今的日语教学论已经不单纯是教育学的一个分支，而是一个综合性的研究领域。各时期相关学术研究的扩展和深入都会对日语教学论研究产生不同程度的影响。随着时代的发展，一些新兴的跨学科研究取得令人瞩目的成果，如人类学、美学、传播学，还有“三论”（信息论、系统论、控制论）等都为日语教学论研究提供了新的视角、思路和方法，成为不可忽视的理论基础。借鉴和吸收多方面的研究成果，对建构、发展和完善日语教学论无疑是非常有益的。

三、日语教学论的研究方法

日语教学论的研究与其他研究一样，需要科学的研究方法。

（一）对立统一的唯物辩证法

日语教学论的研究最重要的是坚持辩证唯物主义方法论的指导。它可以使研究者实事求是，看到事物的本质，懂得共性和个性、绝对和相对的辩证统一，在研究中提出问题，根据事物的本来面目加以说明，从而做出明确的结论。此外，20 世纪以来被称为“老三论”的系统论、信息论、控制论使得辩证法更加具体化。它们横跨多种形式、层次和领域，强调对任何对象的研究都要从因素、结构、功能、相互联系方式、历史发展等方面进行综合的系统考察。这一套方法对教学论研究具有重要意义，对日语教学论也不例外。

（二）定性与定量分析相结合的方法

日语教学的研究，应全面掌握材料，并对其发展形态进行分析，探索其内部的关系。如果只分析一种形式，不分析各种不同的形式，包括其发展形式，就不能恰当地叙述日语教学的现实情况。日语教学需要调查多方面的情况，包括日语教学的历史和现实、社会需求、教日语的教师、学日语的学生及其家长等。通常使用查阅文献、发放问卷、统计分析等方法，对各方面进行观察、实验、访问、讨论，如果不充分占有资料，不做广泛调查就可能重复别人的劳动，甚至重复前人的错误要进行科学的研究，就要把定性分析与定量分析结合起来。无论是制定教学目标、编制课程或教材，还是教学效果检验、评定教学管理，都需要有个质量标准。日语教学要追求教学质量，质量既包括质也包括量。而以往的教学大纲，有的只规定了量，而没有质的要求。在外语教学中，既要规定字词的数量，也要规定达到“四会”等质的要求，还要规定某一具体质量在总体中的比例。采用这样的方法才能使日语教学论的研究更加科学化。

（三）开展教学实验的方法

开展日语教学实验对日语教学论研究非常重要。在一定的控制下，使特定的教学活动在一定的时间内被精确地、反复地呈现，从而验证、修正、丰富、发展某种教学计划和理论。在社会生产、科技进步和各项事业都迅猛发展的今天，没有教学实验就很难推进日语教学论的发展。特别是要探寻新的教学结构，要有所改革、有所创新，教学实验更是不可缺少的重要手段。

因此，为了日语教学论的科学化，就必须开展各种教学实验。虽然开设日语学科的学校数量少、地区分散，难以开展大中型教学实验，但小型或微型实验同样可以把科研和教学结合起来，简便易行，比较切实可行。只是这种实验需要理论指导，实验之前要有科学的设计或理论依据，实验过程中要实行严格的条件控制，取得相关数据并进行技术处理。实验后要进行科学的定性、定量分析，得出比较深刻的、科学的结论。当然，教学实验的方法还必须与其他方法相结合，才能全面完成日语教学论研究的任务。

（四）推论—验证的方法

所谓推论—验证，就是在日语教学过程中实际验证理论思维，得出一般教学论原理的正确性，通过实验来确定所得论点或原理是否适用于中国的日语教学。近几十年来，教学论的许多新见解是从心理学引申出来的。例如，布鲁纳的课程论是从结构主义心理学引申出来的；斯金纳的程序教学设计是从行为主义心理学中引申出来的；洛扎诺夫教学法是从暗示理论引申过来的；赞可夫的教学论思想在很大程度上是应用维果茨基的心理学理论加以发展的。这是因为理论来源于实践又具有相对的独立性、能动性，可以走在实践的前头指导实践，为实践开路。所以，日语教学论中运用这种方法，可以大大加快认识客观现象、揭示规律、发现真理的进程。

第三节　现代教学论的发展与日语教学

我国的现代教学论是在批判、继承中国古代教学论，引进西方近现代教学论的基础上，在实践和理论探索、创新的双重建构中形成和发展的，具有中国特色、中西融合互补、符合时代要求、适合教学实践发展的现代教学论体系。

一、现代教学论的基本特征与日语教学

进入20世纪，随着现代教育制度的建立与西方教育理论和教育实验方法在中国广泛流行，各种教育思潮涌入我国，教育家们运用国外的先进教学理论在中国探索新的教学模式和进行教学改革实验。这些探索在很大程度上弥补了传统教学论缺乏实验依据的缺陷，使中国的教学论由经验型向理论型转化，由思辩型向实证型转化。中国的教学论从翻译、介绍西方教育教学理论，到结合实验积极进行理论探索，促进了中西方各种教学论的融合，形成了新的教学理论，教学论学科也因此获得相对独立的地位，受到人们的高度重视。在这些教学理论指导下，教学改革实验突破了传统的教学模式，改进了教学方法，促进了学生能力和个性的发展。

现代教学论是动态、整体地呈现在人们视野中的，认识现代教学的基本特征需要从理论基础、价值取向、教学内容、教学过程、教学方法及组织形式、教学评价等方面进行考察。这些特征在日语教学中也有不同程度的体现。

（一）现代教学理论的基本特征

1. 教学是一种特殊认识

随着现代学校教学改革的深入发展，一些新的涉及教学领域的基本理论问题受到特别

关注，其中教学认识的特殊性问题成为讨论的焦点。

20 世纪 80 年代以来，就教学过程的本质及其主客体关系展开了长期争论，其间形成较大影响的观点是教学是一种特殊认识。这一观点以马克思主义认识论为哲学基础，在事实上继承和发展了传统教学理论的研究成果，是人们在吸取中外教学实践经验基础上达成的共识。

2. 教学是一种特殊交往

如果说教学特殊认识论只关注人与认识对象（主要指知识、物质）之间的关系，那么，另一个现代教学理论研究的重要倾向是，把教学视为一种特殊交往，即探讨教学中的交往特征，重视研究人与人之间的关系。20 世纪 70 年代，联邦德国形成了专门的交往教学论流派，其认为教学过学程是一种交往过程，即教师与学生之间的互动过程，师生交往的目的是为了“解放”学生，在“解放”学生的过程中师生交往需要遵循一些合理的原则。我国学者借鉴这种教学思想的精华，并用以审视和探讨教学中的理论问题。教学交往观点强调学生是有情感、有个性、有追求的人，将教学活动视为一种对话和理解的活动，一个师生共享知识、共享精神、共享智慧和共享意义的过程。

3. 教学是一种特殊的实践

教学实践说认为，我国传统教学论关注的是教学理念世界，遵循线性、确定、封闭的科学理性主义思维方式，只注重知识的传授，而对教学生活漠不关心，导致其缺乏实践解释力，使学科建设面临严峻挑战。为此，传统教学论需要向人的实践生活世界转型，建构以关注人的生命为旨趣、面向人的生活世界的实践教学论。它将教育的实质看作是人类的生存形态和生活形态，以塑造完整的个性为目的，建构全面丰富的人类与世界的意义，使人类体验生活，理解世界，理解生命的意义。这是教育论研究的一个新视角，着重于让学生亲自体验到教育的活动，注重让他们从个体获取的信息中去建构自己的“意义”，并从中体会到“自我”的价值。它标志着教学论开始与现象学、解释学，以及批判的、解放的理论形成对话。在教学一线也出现综合实践活动、研究性学习等新课程。

教学是一种特殊认识、特殊交往、特殊实践的论述，是教学论研究的新视角。日语教学是外语教学的语种之一，如果说教学是一种特殊的认知，日语教学则是特殊中的特殊认知。日语教育学也要对教学过程的实质及教学过程中主体、客体的关系问题进行反思。

这在一定程度上反映出日语教学的认识观、交往性和实践性，即学生是认识日语这个客体的主体，但这种特殊认识不是学生独立完成的，而是通过与教师、同学的共同活动展开的，其间必然有师生之间的互动。学生们在参与各种日语教学和实践中获得了一定的知识与技巧，并在日语教学中运用合适的日语进行交流，培养意志，发展思维，陶冶情操，拓展视野，丰富人生阅历，发展个性，提高人文素养。

《普通高中日语课程标准》更进一步提出要注重日语实践活动，“提倡以主题为引领、情境为依托、语篇为载体、任务为驱动，引导学生在“理解与梳理’“表达与交流’“探究与建构’的学习过程中，观察、模仿、体验、质疑、探索、反思，使学生学会学习，提高学生运用日语发现问题、分析问题和解决问题的能力”。这样的实践活动显然不仅是为了学习日语，还更加注重立德树人，培养学生的中国情怀、国际视野、多元文化沟通能力，让学生形成日语学科核心素养。

（二）现代教学的价值取向特征

我国基础教育在不断地进行改革，逐步走向现代化。改革开放后，我国教育改革的价值取向由重知识向重能力、重兴趣、重情感、重态度等非智力要素向综合素质发展、个性差异化发展。这一转变轨迹与西方国家教学由近代走向现代的历史轨迹基本一致。

一般认为，教学价值分为外在价值和内在价值。外在价值又称为工具理性价值，如把学生培养成合格公民；内在价值指学生个人素质的全面发展或和谐发展。现代教学的价值取向不是二者择一，而是谋求二者的协调统一。同时，在众多价值目标中需要确立核心价值取向，在具体运作中又要因人而异、有所侧重地做出选择。

日语学科的价值取向也同样经历了上述转变，但相比之下，重视知识的历史比较长，而重视非智力要素如能力、兴趣、情感、态度等，注重综合发展和个性差异发展的过程，就会相对快速。20 世纪末的日语教学大纲开始提及“通过教学扩大学生的语言文化视野，以利于发展思维和提高文化素质”。进入 21 世纪，课程改革时，与上述取向相关的课程理念被写进了课程标准。

（三）现代教学内容的特征

传统教学内容强调共同基础和整齐划一，而这种化的教学内容不能适应新时代对人才多样化、个性化的要求，与现代科学高度分化又高度综合的发展趋势也不相符。新时代要求的教学内容，既要与时俱进，同时也要让人们有各种的学习依据，让他们在学习内容、学习程度和学习风格方面有更多的自由，实现时代性、基础性和选择性的统一。

20 世纪 50 年代以来，国际性课程改革都不约而同地把关注点集中到结构化、综合化、尊重个别差异等问题上。这一趋势也十分明显地反映在我国 21 世纪的基础教育课程改革方案之中。《基础教育课程改革纲要（试行）》在教学体系的安排上，以小学为主体，在中学开设了学科和综合性学科，高中以分科课程为主。从小学至高中均设置综合实践活动，并作为必修课程。乡村中学在满足国家课程的基础上，可以根据实际情况开设适合本地需求的教学大纲。城市普通中学学校应逐步开展职业技术教育。

2001 年颁布的《全日制义务教育日语课程标准（实验稿）》在教学内容上的改革突出表现在主要对经过某一学段之后的学生学习结果进行行为描述，而不是对教学内容的具体规定，不过分追求学科体系的完整性，而注重精选基础性强、适应时代发展、贴近学生生活的教学内容。本节认为，语言的全面应用是语言知识、语言技能、文化素养、情感态度和学习战略等方面的全面发展。《义务教育日语课程标准》在实验稿的基础上精选了基础性强、贴近学生现实生活和对学生有用的内容，以发展学生的语言实践能力为主，同时，也给地方、学校、教师、教材编者提供了灵活的教学资源，使日语教学更加充实和发展。

《普通高中日语课程标准（实验）》在教学内容上更注重多层次和选择性，既有必修课程，也有选修课程，既有国家课程，也有地方或校本课程。必修课程主要帮助学生建立共同基础，选修课程主要满足学生的兴趣、爱好，加强培养学生某个方面的技能和促进个性的发展；必修课程须达到高中阶段日语学习的基本要求，选修课程更注重实践和运用。在学好日语必修课程的基础上通过选修课程加以巩固、提高，可以使二者相辅相成、相得益彰，对夯实基础、拓宽视野和提高能力有很大促进作用。《普通高中日语课程标准》将课程分为必修、选择性必修和选修，在确保相同的基本原则下，针对不同发展阶段的同学，开设有针对性的选修科目。内容包括主题、语篇、文化理解、学习策略、语言技能和语言知识六个要素。提倡以主题为引领，使课程内容情境化，将中华优秀传统文化、革命文化与社会主义文化相结合，并将其有机地融合到一起。努力呈现经济、政治、文化、科技、社会、生态等方面的新成就和新成果，促进学生的社会责任感、创新精神和实践能力的提高。

（四）现代教学过程的特征

传统教学在目标预设和教学内容上划一，这在很大程度上决定了学生的学习方式只能是被动接受和机械模仿。当代教育在目的上主张多元化、个人化、丰富性、选择性，这样必然要求在教学中采用自主探究的、强调合作和亲身体验的、生动活泼的学习方式。

如前所述，教学交往理论和教学实践理论大大丰富了我们对教学过程的认识，使我们不再把教学过程视为符号式知识的传输、储存、提取和再现的过程。同时，那些把学生的认识过程与人类的一般认识过程等同起来，或把学生的认识与科学家的人生严格区分开来的观点，都是对学生学习活动的简单化理解。事实上，在教学过程的某些阶段（如形成概念)，学生可以自主地去尝试探究和发现，像历史学家那样思考历史，像物理学家那样解决物理问题；而在另一些阶段（如根据已知概念掌握新的原理)，学生也可以用不同于科学家的方式去学习和掌握新知识，实现高效的、简捷的学习。正如成年人在从事生产（人与客观世界之间的关系）的同时，还会发生交往（人与人之间的关系）活动一样，学生在进行自主学习的同时，还会发生复杂的互动关系，如合作、对话、讨论等活动。这些互动本身是教学过程十分宝贵的资源，也是学生社会性成长的重要途径。通过互动，教学过程中必然有新的东西生长出来，如师生之间、生生之间发现新的问题资源、找到新的对话平台等，而一名敏感的教师，则会充分利用新生的资源，提出新的探究主题或者设计新的教学过程。

改变学生的学习方式，促进自主学习，就是要引导学生形成积极的情感体验和全身心的认知参与，提倡以事实为依据来表现问题，创造一个问题的解决情境，使问题得以解决，让学生能将课本上的知识转化为解决问题的工具，并以现实情境中的问题来激发学生的思考，鼓励学生参与探索。为使日语学习成为基于案例或项目的学习、解决问题的学习和拓展思维的学习，教师必须为学生创设宽松、活泼、接近实际的学习环境，鼓励学生大胆开口说日语，在课内、课外和实际的对外交往活动中积极地用日语表达和交流，指导学生开展探究学习、合作学习，让学生自主完成一个个学习任务，并在这样的过程中增长才干。

二、日语教学论与课程论

说到教学论，不可避免地会涉及课程和课程论问题。长期以来，就教学论与课程论这两者的关系教育理论界争论已久。有的学者认为教学论中包括课程论；有的认为课程与学制相类似，是受更高一级规律制约的，而教学论是为实现课程服务的，所以从属于课程论。人们从不同的学术背景，不同的角度阐述自己的观点，做出不同的解释。

为了把日语教学论的问题说清楚，这里简述一下本书对课程（curriculum）与课程论、教学论与课程论关系的认识。

（一）关于课程和课程论

在我们的典籍中，“课”一字的涵义不仅包含了“教”的内容，而且还包含了“教”的先后次序和时间。此后，国家对各个级别的教学科目和教学顺序、教学时数等进行了规范。

陈侠说，教育学上讲的课程，严密地说是“学校课程”，不过通常把“学校”省略了。那以后，关于课程的研究越来越多、越来越深入。然而，研究得多了也会出现问题，例如关于课程与教学的关系就出现不同观点。多年来，教育科学的研究者们一直在努力用科学的态度加以解释。可是随着时代的发展，课程已经成为一个使用广泛而含义多重的术语，各种学说不断涌现，无论哪种学说都会受到批评，至今没有哪一种能获得多数人的认可，形成权威的定义。所以，尽管课程在教育体系中居于中心地位，给其下定义却成为非常困难的事。

鉴于课程的定义难下结论，本书谨从陈侠的说法，原则上依据《现代汉语词典》对课程定义：学校教学的科目和进程，同时关注各种课程研究的成果和动向，在提及课程及相关问题时谨言慎行。

张廷凯认为，我国课程论学科的建立始于 20 世纪 20 年代初期，那一时期（1922—1949 年）的研究以初等教育教科书与历史为中心，以美国的“课程论”为主线，对“课程论”进行了系统的引进与借鉴。课程论作为教育科学内一门独立的分支学科已具维形。中华人民共和国建国后（1949-1988），我国开始了以“课程论”为基本内容的重要内容。当时，我们在苏联教育科学的时候，很久没有将课程当作一种教学方法来进行教学，这与全国的教学计划、教学内容、地区、学校和老师都要严格遵守的教学制度紧密相连。1989 年，国家正式发表了两部专业教材。一是《课程论》，陈侠著，《现代课程论》，由钟启泉主编。在国内，由于这两部学术著作的相继问世，课程论逐渐发展成一个相对独立的学科。张廷凯对“课程论”的发展历程进行了系统的回顾，从五个角度进行了论述：一是对“课程论”的学科定位及其与教育论的联系，第二，探讨了“学科”的本质，三是对影响课程的重要因素进行了探讨，四是对各种类型的学科和它们之间的联系进行了探讨，五是对“隐性”教学的探讨。

陈侠是中华人民共和国成立后我国课程论的创始人，他撰写了我国第一部课程论专著，该书结合中国的实际情况，论述了课程研究的对象、目的和方法，通过对中西课程的历史演进和课程学说的类型分析，讨论了影响课程设置的诸多因素，将课程设置与教学目的相联系，从课程设置的角度，阐明了课程设置在促进学生的发展的过程中的角色，以及课程的性质、任务、类型、编订、实施、评价等方面的关系，并对编订的趋向进行了讨论。他分析问题既客观又实事求是，成为我国课程论重建的先驱者和奠基人。直至今日，他对课程和课程论的研究仍具有重要价值。

国际上关于课程的论述很多。比较有影响的有布鲁纳的结构主义课程论、瓦根舍因的范例方式课程论、赞科夫的发展主义课程论，还有综合课程论、活动课程论等。特别是在知识经济和科技飞速发展的背景下，国际的教育观念也在不断地发生着深刻的变革，现代课程论研究也呈现出许多新特点和新趋势，例如出现了关于课程价值的研究、关于科学与人文相结合的课程文化观研究、关于回归生活的课程生态观研究、关于缔造取向的课程实施观研究、关于民主化的课程政策观研究等。

（二）关于教学论与课程论的关系

在我国，关于“课程论”与“教学论”的关系，学术界一直存在着争论。有人认为，教学理论包含了课程论，也有人把它归入了课程论。渐渐地许多研究者认识到，虽然各有各的道理，各有各的依据，我们不妨将课程论与教育论相结合，将其视为两个并行下位的教育学说。

关于教学论与课程论的关系，陈侠在《课程论》中对此进行了论述：“教学理论所要讨论的问题很多，包括教学过程、内容、原则、组织、手段、方法等诸多问题，而教学内容又无法从教学理论上加以论述，更无法将其纳入教学理论之中，不然会显得杂乱无章，甚至有些不合情理。”

然而，为什么会产生教学论和课程论谁属于谁的争论呢？有学者在这方面做了研究。丁邦平指出，无论是教学论还是课程论，都是从西方的两种教育和文化传统中衍生出来的：教育论”起源于欧洲，特别是德国，而课程论（及其与之相关联的教义），源自于美国和英国的教育文化。长期以来，国内的教学论和课程理论研究者对两种源于欧美的教育文化传统进行了错误解读，导致对教学论与课程论的理论之争陷入了一个错误和困境。要想摆脱这种误解，突破这种困境，就必须重新认识、比较和研究这两种教育文化的传统，并根据其自身的特征，将其与我们的教育文化的传统和实际相联系，从而建构出符合中国教育文化特征的教学理论和课程理论。

其后，王飞、丁邦平联名发表文章，论述了我国在对苏联教学论和美国课程论的借鉴过程中出现的一些误读和误解。如在引介苏联教学论的过程中忽视了其对“教养”和“教养内容”的高度关注；在引入美国课程论的过程中忽视了其对“教学”的关注。认为造成这些误读和误解的根本原因，是对源于两种不同文化和语言脉络的研究范式的理解和认识存在偏差。认为走出困境的根本途径是从本源上认识这两大范式，这从教育学本土化的视角研究了教学论与课程论的关系。我国从日本引进了教育学这一理论，并把它作为一种新的教育论和教育学的研究方法。国外的一些国家和地区，都是采用“教学论”或“课程论”的模式，而中国则有来自于各种文化传统与话语系统的“教学论”与“课程论”。所以，“教学与课程”之间的联系，在国外尚未被视为教育界的中心议题，但已逐渐成为国内教育界的焦点。

不管是什么原因造成我国学者对教学论与课程论关系的认识曾存在不同的见解和争论，这些都已渐渐远去。近年来，一些部属和省属师范院校已经把“课程与教学论”作为专业学科在招收硕士或博士研究生了。这说明课程论和教学论作为教育学的下位理论已经趋同，“课程与教学论”成为“教育学”领域的一个概念，属于“教育学”的二级学科。为此，日语教学论研究可以不必过于顾及教学论、课程论这二者关系的争论，而应该更加关注解决日语教学中存在的实际问题。

第二章　日语教学要素

第一节　日语学习者

一、影响语言习得的个人因素

（一）学习观

我们祖先在数千年之前，就曾提出过关于教育的思想。古人认为，读书最重要的一点，就是“做人”。“做人”有别于“生活”。“生活”的本意是人要在世上“生存”而努力地保持自己的存在。而“做人”，就是要使自己“生活”更美好，而“读书明理”才能实现。由于“智慧”与“智识”的发展，就意味着“技术”的“谋生”，以及对“谋生”的多种有益的“智识”；懂得了“道”，才能更好的沟通，才能真正的做一个贤者。目前，一些学者相信，学习是一种关于学习的理念，每个人都有自己的想法，但有些人却没有意识到这一点。学习观念决定了人类整个学习活动、学习目的与方向、学习过程与原则、学习方式方法和结果。学习观念是时代、教育和学习实践的结果。不同的时代，不同的教育背景，不同的学生的学习习惯会导致不同的学习观念。

我国一些学者和研究者对学习观进行了深入的研究，并给出了各自的定义。毛晋平先生指出，学习观念就是人对学习的认识和学习的指导，这种观点是存在于人的大脑里的，它决定着人的学习态度、选择学习内容、改善学习方法等等。刘道玉教授指出，学习观念是学习的一个主要组成部分，它涉及到学生学习的基本原则，包括学生为什么要学习、要学习什么、怎样学习等等。有了不同的观点，就有了不同的学习方式和结果。刘儒德认为学习观念是指个体在日常学习、课堂教学和社交和文化中对知识、学习现象和体验所具有的直观认知。每位同学都有自己独特的学习理念，并以此来引导他们的学习和评估。学生的有些学习观点是合情合理的，而有一些却需要进行讨论，从而在一定程度上对学习行为、学习策略和学习效果产生一定的作用。李壮教授指出，学习观念是指学生在学习活动中所建立的一系列关于学习目标、学习内容和学习方式的观念体系，它直接影响着学生的人生方向、学习活动的质量和结果。而在国外，从教育学和心理学的角度来看，学习观念是指个体对学习的行为和体验的直观认知。学习观念是元认识的一种，它是由学校的教育实践而产生的，是由学科的丰富和变化而产生的。学习观念在很大程度上决定了学习动机、行为、策略和表现。

（二）学习动机

“动机”源自拉丁语“movere”，是一种很早以前的心理问题，这个术语是1930年代才被官方使用的。在早期的激励理论中，很多的心理学者都吸取了哲学家们的观点，从而形成了两种最主要的动力观念：意愿与直觉。他们相信，人的思维分为三个方面，分别是认知、情感和动机。行为论在20世纪出现，着重于对环境刺激的重视，因此有研究者在解释驱动的内在条件时，引入了“驱力”这一术语。

上个世纪六十、七十年代，关于动机的理论和方法已经由行为学发展到了认知理论。在教学实践中，许多学者把动机这一观念引进到教学中，从学生的学习动力出发，对学生的学习过程进行了分析，认为学习的动力是一种与学生的学习效能息息相关的精神现象。现代的教育心理学以其多元和复杂的形式，使其具有更大的内涵。关于学习动力的概念，中外学者对其的界定可以说是百家争鸣。下面，我将对这些具有典型意义的概念（参见表1-1）进行简要说明。

表1-1　国内外有代表性的学习动机概念

学习动机的两种理解：一是对学习动机的普遍理解，认为学习动机是激发并维持学习活动的基本动力，它强调的是动力的大小；二是从一个复杂的体系来理解学习动机，这个系统包含着一系列的子系统，如自我评价子系统、目标子系统、归因子系统、情感体验子系统，等等。学业自我概念、自我能力知觉、目标定向、归因、兴趣、考试焦虑等分别是隶属于这些子系统的变量。	汪玲、郭德俊
学习需要与学习期待两个基本成分构成学习动机，前者为学习动机结构中的主导成分，后者指向学习需要的满足；两者协同作用，使学习活动得以发动、维持和完成。	张景莹
学习动机指的是引起学生学习活动、维持学习活动，并指引学习活动趋向教师所设定的目标的心理倾向。	莫雷
学习动机是在自我调节的作用下，个体使自身的内在要求（如本能需要、驱力等）与学习行为的外在诱因（目标、奖励等）相协调，从而形成激发、维持学习行为的动力因素。	刘明娟等

续表

学习动机的两种理解：一是对学习动机的普遍理解，认为学习动机是激发并维持学习活动的基本动力，它强调的是动力的大小；二是从一个复杂的体系来理解学习动机，这个系统包含着一系列的子系统，如自我评价子系统、目标子系统、归因子系统、情感体验子系统，等等。学业自我概念、自我能力知觉、目标定向、归因、兴趣、考试焦虑等分别是隶属于这些子系统的变量。	汪玲、郭德俊
学习动机就是激发个体进行学习活动，维持已引起的学习活动并导致行为朝向一定的学习目标的一种内在过程或内部心理状态。	李伯泰、燕国材
学习动机定义为一个动态的过程，从刺激个体产生学习欲望、维持学习行为、达到预计目标或受到其他因素影响而导致学习欲望减弱、最终终止学习行为等一系列环节。	冯忠良
个体进行学习活动、维持已引起的学习活动，并致使个体的学习活动朝向一定的学习目标的一种内部启动机制。	德尔湟伊（Dornyei）
学习动机定义为：寻求学习活动的意义并努力从这些活动中获得益处的倾向。	A. B. 伍尔福克（A. B. Woolfolk）
学习动机是引起和维持个体的学习行为以满足学习需要的心理倾向。	斯科洛 G.（Schraw G.），辛纳特拉 G. M.（Sinatra G. M.）

（三）学习策略

信息加工心理学创始人纽厄尔（Newell）、西蒙（Simon）、肖（Shaw）在 1958 年提出：大脑的认知是一种通过对符号进行信息处理的过程，这种处理称为“学习策略”。许多国外学者都以此为依据进行了深入的研究。杜菲把“学习策略”看作是内在的学习规律体系。里格尼指出，“学习策略”是学生获取、保存和提取知识和任务的一系列过程。莫雷把学习策略看作是学生在学习的进程中所运用的规则、方法、技巧以及调控手段的总和。陈琦、刘儒德指出，学习策略是一种有目的、有意识地制定一套完整的学习计划，以达到更好的学习效果和效益。由此可见，人们在定义学习策略这个概念的时候，已经从局限于认知活动本身发展到了对认知的认知和对认知的调控。从 20 世纪中期开始，关于日语学习策略的概念、结构与模式、特点、发展过程和理论基础等都有了新的发展。在学习战略的类型上，丹瑟洛等人根据认知环境能够有效地支撑认知行为，并将其划分为基础和支撑两种类型。威尔伯特·麦基奇指出，认知策略包括认知策略、元认知策略和资源管理策略。国外学者把学生的学习策略分成四大类：元认知策略、认知策略、动机策略和社会策略。关于学生的学习战略特征，目前国内外学者已有一定的一致认识，例如：学生的学习战略发展具有一定的阶段性特征；研究发现，学生的学习行为具有可控性、外显性和内隐性性、主动性和可变性；学生的学习战略具有主动性、有效性、过程性等特点。由于受到外国学者的影响，在学习策略的定义、结构和发展特征等方面的研究已经取得了很好的结果，但是这些研究的主要是针对小学生，并且侧重于特定的课程策略。在我国，随着对学习战略的深入和高等教学的不断深入，越来越多的学者开始重视高等教学中的“策略”问题。李红英等运用问卷调查的方式，对 761 位普通高校的学生的学习战略运用情况进行了研究。赵俊峰等以一所高校 393 名学生为调查对象，对其在教学中的发展特征进行了调查。胡燕等利用 1987 温斯特等人编写的《学习技巧量表》，对 3 所大学学生进行了调查，发现其在性别和专业上存在着差异。总体而言，目前的高校教学研究在数量与质量、方法与结果的科学化等问题上还需不断完善。在麦基奇等人关于策略的基础上，作者把他们的策略划分成认知策略、元认知策略和资源管理策略三大类。认知策略是指包括复述策略、精细加工策略和组织策略在内的多项知识加工策略；元认知策略是对学生的信息处理进行调节的策略，即个人对自身的学习和怎样的学习，以及对自身的认识，包括计划策略、监控策略和调节策略；在学习过程中，学生的学习策略主要包括时间管理策略、环境策略、努力策略、支持策略等。

（四）学习风格

20 世纪 50 年代，美国学者泰伦（Thelen）第一次提出了“学习风格”这一概念。到目前为止，学习风格理论模式已经发展出了十多种。它们广泛地被应用在教学实践中。虽然不同的学习方式有不同的认知，但人们一致同意，不管是何种学习方式，都可以分成三大类：认知导向理论、个性导向理论、学习导向理论。而“以学习为核心”的研究则侧重于个体差异和教育效果。

在在库伯（Kolb）的研究中，关于学习方式的理论是最为引人瞩目的。库伯相信，学习就是在经历中创造出新的东西；学习类型是指个人对信息的认知，是整个学习周期的整体。研究循环由四个互相关联的环节构成：具体体验，反思观察，抽象概括，主动实验。在具体体验期，注重学习过程中的体验，使学生思维更加开放，对改变进行适应性和感受；反省观察的特征是注意观察、多角度地关注问题，了解教学的内容；而在抽象化的学习过程中，学生的思维集中在逻辑思维上，对问题进行客观的逻辑思维；在动手的实验阶段，学生要敢于尝试，教师要积极地运用具体的教学手段去解决学生的学习问题。库伯的“周期理论”学说逐渐演变为四种自适应的教学方式：具体经验型、反思观察型、抽象归纳型、主动实验型。具体体验和抽象化的概念是两个终端，用以表达个人对周围的环境和体验的选择；反思观察和主动实验则是表达个人对资讯处理和转换倾向的一种学习模式。这四大要素可以划分为感知与处理，前者是对抽象思考的具体表现，而后者是对主动与反思的资讯行为描写。

从理论上来说，不同的学生的学习方式是不同的，但是他们有自己喜欢的学习方式，并且在经过漫长的学习过程中，他们的性格比较稳定，很少受到学习任务和学习的环境的限制。库伯于 1976 开发了一套学习风格的测验，经过三次修订和改进。学习风格量表受到了学者们的广泛关注，也对许多学习类型的制定产生了一定的作用。在普通教育领域，研究者运用库伯的学习风格量表对学习者的学习风格进行研究。从研究的结果来看，文科学生偏爱调节型学习风格，而理科学生偏爱聚合型学习风格。在第二语言学习中，库伯的学习模式一直没有受到人们的关注，而研究者们则更多地从其它角度来探讨学生的学习方式。从文化角度出发，梅尔顿（Melton）对中国学生偏爱的学习风格进行了分析。梅尔顿认为，学生的学习方式受到其自身的文化因素的制约。皮科克（Peacock）从教学方式和学习方式的搭配入手，论述了学习方式的重要意义。安德烈乌（Andreou）等人指出，在第二语言学习中，学习者的学习方式是很大的因素。余心乐对我国英语本科学生学习风格的性别差异进行了研究。

二、日语学习者的特点

美国著名的语言教育家克拉中（Krashen）指出，理想的外语学习者指的是：

（1）学习者有强烈的学习动机；

（2）学习者充满信心；

（3）学习者没有过高或者过低的焦虑感；

（4）通过积极使用外语学习语言。也就是说，想要让学习者学好日语，就要为他们提供心情舒畅、无焦虑感的学习环境，多进行语言交流习得外语，以减少学习

的部分。

鲁宾（Rubin）进行了一系列有关“理想的日语学习者”的研究。鲁宾总结了 7

条理想的日语学习者的学习策略：

（1）积极使用推理、推论；

（2）心理上的抑制较少；

（3）对语言交流具有较高的积极性；

（4）注重语言形式；

（5）不讨厌语言练习；

（6）监控自己和他人所说的语言，从偏误中进行学习；

（7）注重语义的学习。

（1）中提及的依靠推理、推论指的是即使有稍微不明白的地方，也不会焦躁，会通过上下文理解语义。（2）中提及的抑制指的是心理上的阻碍，即自我防卫。（3）、（5）、（7）说的是为了能与他人建立起人际关系而积极地使用外语，或者在说话的时候注重传达的内容。尽管它们都与“习得”有关，但是我们也不能将“学习”的作用忽视了。这是因为学习者判断、监控所说的话是否符合语法规则与学习有着密切的相关，如（4）、（6）。由此看出，日语教师帮助学生开展这样的学习是其重要的责任。

第二节 日语教师

一、日语教师的基本能力

（一）日语教师的智力

1. 日语教师的观察能力

日语教师观察学生的能力主要表现在三个方面：迅速而准确，细致而深入，全面而客观。观察迅速是指日语教师能够迅速及时地捕捉学生瞬间的表情和行为细微变化，采取适宜的对应措施，适当调节教学内容，或稍做教学停顿，改变课堂教学气氛，及时吸引学生的注意，完成教学任务。观察准确是指日语教师要能透过现象看到事物的本质，了解学生的心理性格特点、思想、学习情况以及学生所处的学习环境等，根据这些特点，通过对其细微的表情、动作和语言的改变，进行合理的分析和判断，从而作出正确的应对。观察学生的语言、行为、衣着、心态等的微小改变，以便更好地把握学生的心理状态。日语老师要能敏锐地捕捉到每位同学的优点，教师对学生的评价有时会影响学生的发展。观察深入是指日语教师要了解学生处于成长期，心理稳定性较弱，容易情绪波动，不能以一时一事的观察下结论。对学生的观察可以是课堂上，也可以是课下；可以是群体活动，也可以是个体活动。还要承认学生正处于成长发展阶段，需要对学生进行长时间的反复观察，才能做到深入观察。所谓全面客观，就是日语老师可以从多个方面来审视自己的同学：智慧、体质、个性、家教、环境等。日语教师对学生的观察还要包括校内和校外，要了解他的同学、家长、其他任课教师，只有这样才有可能全面客观地认识学生。

2. 日语教师的思维能力

思维是一种能够分析，综合，判断，推理和反映事物的能力。日语教学的思维水平有五个方面：思维敏捷、思维广博、思维深度、思维条理化、思维创新。思考的敏捷，主要是日语老师在进行智能操作方面的敏感性，反映在日语老师对课堂和其它教育事件的突发事件迅速地做出反应，并能够选择和确定自己的思路，以保证教育和教学的正常运行。思维的广阔性是指日语教师遇事要思路开阔，能从不同角度、不同方面、用不同方法及途径来思考和解决问题。思维的深刻性就是日语老师在遇到问题时，能够一眼看到问题的实质，而不会被表面现象所蒙蔽。这一能力可以帮助日语教师将教材中抽象概括的规律性知识进行深度理解，深入浅出地传授给学生。思维的条理性是指日语教师讲述问题、处理事情时要思路清晰、有条不紊，连贯严密。这有助于日语教师在课堂教学、阅读提高等方面都能做到井然有序、事半功倍。日语教师在传授知识、开启智慧时，要将知识进行思维创造处理，并将其归纳出来，变得易于被学生所理解。日语教学的教学质量好坏，很大程度上决定了学生的创造性思维水平的高低。

3. 日语教师的想象能力

日语教师在理解教材、教学设计、课堂教学都离不开想象力。想象力是人脑在感性形象基础上创造出新的形象的能力。日语教师的想象力一要丰富，二要合理，三要新颖。日语教师在解读日文诗歌、小说、散文时，利用想象和描绘，可以带领学生进入如诗如画的意境；在讲解日本历史、地理时可利用地图和形象化的暗示或描述，帮助学生在大脑中重现自然界的形象和历史上的生活情境。但是想象要合情合理、有根有据，不能脱离事实和学生实际。想象要新颖是指不仅依赖教科书中现成的资料，还可以利用互联网教学平台、漫画等学生喜闻乐见的素材，帮助他们理解枯燥抽象的知识，使他们的思维更加活跃。

4. 日语教师的记忆能力

记忆力是人脑储存、反映已有经验和知识信息的能力。具备良好的记忆力是教师职业的固有要求。日语教师的记忆力可以概括为准确、迅速、持久、系统、广阔。准确是记忆的前提。记忆一般有三个基本过程：识记、保存、回忆或再现。后两个过程都以第一个过程为基础，识记准确才能做到保存和回忆准确。首次识记的准确性对准确记忆意义重大。在信息化发展时代，新知识层出不穷，日语词汇、日本社会文化的发展，对日语教师的记忆量、记忆速度也提出了新要求。生理心理学告诉我们，人对事物的识记和保持都不是永恒、一成不变的，人在记忆过程中由于新旧知识的干扰以及自身记忆功能的变化，遗忘或暂时性遗忘是存在的。因此，教师要不断学习，温故知新，克服遗忘，对专业知识努力保持持久记忆。关于记忆的“刺激一反映”理论强调人在记忆过程中首次接受的知识对人脑刺激越强烈，记忆的痕迹越深刻。但是，人脑对刺激的接受不全是被动消极的，能够长时记忆下来的东西许多还是经过人脑思维对信息编码后，有序地储存在记忆中。了解人类的记忆特点，学习新知识时注意知识的系统性，做到系统记忆，对克服遗忘有重要作用。

（二）日语教师的审美能力

1. 感受美的能力

感知美的能力是指通过感官感知和体验美学对象的能力。从审美角度而言，教材是审美客体，其中蕴含丰富的审美因素，日语教师只有具备感知美的能力，才能充分挖掘教材中美的内涵，从美学角度把课讲得更有深度，从而扩大学生的视野，使他们的求知欲更为强烈。

2. 鉴赏美的能力

鉴赏美是由审美观者根据自身的人生阅历和艺术素养来欣赏、品味并作出评判的。日语老师的审美性在于：通过对教科书中美的形象和美的内涵作出精确的判断，有助于培养学生对美的认知和对美的理解和形成对美的正确判断。

3. 表达美的能力

美的表达能力是指审美观者能够再现、传达生命与艺术所理解的美。教师的职业特点决定了必须具备表达美、再现美和创造美的能力。日语老师以不同的形式表现出审美的形式，但要使其与课程特征、知识体系相适应，才能使其更好地展现其美的内容，从而引起学生对审美的浓厚兴趣。

二、日语教师的教学能力

（一）日语教师的教学设计能力

1. 掌握和运用课程标准（教学大纲）的能力

日语教师在学习过程中，能够根据课程要求，制定教学目的，明确教学内容，理顺知识体系，掌握教学要点。

2. 掌握和运用教材的能力

主要指日语教师能理解教材的特点；能分析教材的内涵；能把握教材的重点、难点和关键处；能理清教材的知识点。

3. 编写教案的能力

主要指教师能掌握编写教案的科学性、实用性、针对性、创建性原则；能准确表达教材的重点和难点，能巧妙地组织课堂的教学流程，能熟练掌握教材的基础形式。

（二）日语教师的教学实施能力

1. 因材施教的能力

“因材施教”是针对受教育者自身的具体情况，针对其自身的特点，采用多种教学手段，针对性地进行教学。日语教师的因材施教能力主要体现在能定向导学，因人施教；能对不同类别的学生进行分层施教；能发展学生特长，培养拔尖人才。

2. 实现教学目标的能力

教师的教学目的是教师和学生在课堂上努力实现的期望成果和准则。教学目标就是对学生进行指导，引导；教学目的是为了满足学生的需求，引导着学生的学习。

日语教师实现教学目标的能力包括：

（1）能正确制订教学目标。在制定课程的教学目的时，要做到内容全面、层次分明、要求适度、具体可测。

（2）能正确地表述出教学目的。在日语教学中，要充分认识到表述教学对象是学生，在表达教学目的时要强调其导向性和可操作性。日语教师必须达到以下几个方面：教学目的是指导思想；教育目的是为实践提供指导；教师的教学目的是激发学生的动力；教学目的是教育成果的衡量指标

（3）能优化达标教学过程。教学过程的科学流程是“前提测评一认定目标一导学达标一达标测评”。

（4）能掌握教学评价的方式、标准。例如，引入形成性评价理论做课程达标和单元达标；引入形成性评价理论做课时级（用课堂观察、提问、练习、测试）达成评价和单元级（单元测试）达成评价。日语教师还必须熟悉“面向全体学生、促进学生全面发展”的教学质量评价标准。

3. 选择、运用教学方法的能力

（1）能够熟练地掌握教学方式的选用。日语教师应从教学目的的角度，从认知技能、情感态度等方面进行选择；还可以依据学生的心理特点，知识基础，进行教学方式的选用；同时可以针对不同的课程内容，进行教学方式的选用。

（2）掌握如何正确地进行教学。知名的教育家巴班斯基（Babanski）总结出了一种老师在教学中如何进行选择的总体步骤：一是让学生自主学习，二是选择老师指导；确定是否采用重现方法或探寻方法；决策是否采用了归纳或推论的方法；确定口述、直观和实践相结合的问题；就如何挑选和自检作出判断；仔细地思考多种方案的组合。

（3）能使教法和学法相契合。日语教师的教法必须与学生的认知规律、思维规律相适应，与学生的学法相符合，逐步增长学生自学的能力。

4. 激发学生学习兴趣的能力

兴趣是人们对一件事情的正面的态度，它对人的学习行为起着一种促进作用。日语老师能够调动学生的学习热情，其关键是：用情感来感动他们；用新鲜事物激发学生的兴趣；通过演讲来调动同学的积极性；教学方法的调节，可以缓解学习疲劳、注意力分散等问题。

5. 指导学生学习方法的能力

日语教师指导学生采取正确学习方法的能力主要包括：具有指导的能力；能根据课本，演示学习方法；能归纳出规则，显明学习方法；能进行习作，加强学习；可以区分不同的环境，引导学生学习。

6. 指导学生学习迁移的能力

在学习的进程中，既有知识又有技能会对学习新知识、新技能造成一定的冲击。迁移有正迁移和负迁移，对新知识和技能的迁移具有正迁移性，反之就是负迁移。

（三）日语教师组织课堂教学能力

1. 课堂教学开讲能力

“开讲”即课堂教学的开场白，也称“导入新课”，是课堂教学的起始环节。日语老师“开讲”的技能主要是：演讲的语言要简洁、要有目标、要有启发、要有兴趣。

教学的内容应遵循以下几个方面：要体现新老知识之间的连接；把预期的讯息传达给同学；培养学生的良好心态。

2. 创设最佳教学情境的能力

教学情境是指教师进行教学活动时所处的特定氛围。最佳教学情境是指教师为完成教学任务而创造的人际（师生之间）关系融洽、教学气氛和谐、易于学生理解掌握所学知识的特定环境。日语教师在创造最佳的教学情境时应具备以下几个方面：能够重现教科书中的情境；能把同学带入课本中的情境；能激发同学对教科书的理解。

3. 教学设疑能力

设疑在教学中的实施形式就是提问。日语教师在课堂上善于提问，是启发学生思考、开发学生智能、充分利用主观能动性、提升课堂教学质量等方面的有效手段。日语教师设疑时要做到以下几点。

（1）设疑要具有明确的目的性。必须紧扣教学目标，备课时要考虑好每个问题。

（2）设疑要具有启发性。过于直白的提问，答案过于简单，不能调动学生思维的积极性。设疑时可以预设矛盾对立问题，引发学生讨论，激发学生参与意识和积极思维的兴趣。

（3）设疑要具有针对性。既要针对教材实践，又要针对学生实际。

4. 教学举例能力

精当的举例是一种教学艺术。日语教师的教学举例能力主要体现在选例、用例、讲例三个环节上。选例应该准确、典型，具有科学性；用例应该恰到好处且有针对性；讲例应该生动、形象，具有趣味性。

5. 设置学科作业能力

（1）能使作业设置更具有科学性，选题多少要适量，要有典型性、代表性；选题要难易适度，与班级学生的认知水平相适应。

（2）作业设置能体现层次性，既有模仿性的基础训练，又有独立性的单项练习题，还要有灵活的综合训练题和创造性的扩展训练题。让不同程度的学生都能有所得，体现因材施教的原则。

（3）作业设置富有趣味性。

（4）作业设置能突出实践性，学生对自己动手动脑总结出来的规律、经验以及在实践中运用了的新知识，记忆更深刻，理解更透彻。

（5）作业设置要注意实效性，不能盲目求数量，更不可采取惩罚性作业。

6. 教学检测能力

测试既是检验日语教育的阶段性成果，也是检验和评价教师在课堂上的教学成效。日语教师教学检测能力包括：

（1）能设计测试蓝图。即：在分析和掌握检测目标的基础上，按课程目标，编制一张“双向细目”表格，以此为工作提供参考。双向细目表格包含两个方面：一是课程目标，二是考试的内容。在教学目的层面上，将学生的学习能力分为四个层面：记忆层面、理解层面、应用层面和综合层面。

（2）能把握命题要领的能力。日语教师要明确各种题型的编写原则。

（3）能进行试卷讲评。

三、如何成为理想的日语教师

迫田（Sakoda）指出，“灵活性”对成为一个理想的日语教师是非常重要的。作为日语教师，怎样才能加强自己的“灵活性”呢？接下来，根据迫田（Sakoda）的论述，笔者总结出了日语教师日常应该加强以下方面的意识。

（一）站在学生的角度，从多方面为学生考虑

1. 最主要的不是授课方法和教材，而是考虑学生

从学生的角度出发，在多个方面为学生考虑。经验较少的教师会在教育方法和制作教材上投入过多的精力，容易为了自己能够自如地使用日语而忽略了学生是否能够完全理解，有可能在没有给予学生足够的日语输入的情况下就让学生进行句型练习等。监控理论主张应该在给予学生充分输入的情况下，排除学生不必要的不安，才能促进学生的习得。关键是要在仔细观察学生的习得情况的基础上，准备教学方法和教材。在引领日语教育的木村宗男英语先生的演讲中有人提出了“为了成为一名优秀的日语教师应该留意哪些方面？”这一问题。木村宗男先生的回答是：“准备要充分，上课要大胆。”在上课前，日语教师要考虑按照当前的教学进度以及当天需要导入的教学内容，通过什么教材和课堂活动进行教学指导，这些需要严谨的计划和精心的准备。怎样复习，怎样从复习内容过渡到新内容，授课中所使用的单词如何与教材联系起来。为了更贴近现实中的场景，在词汇的选择上也需要下功夫。并且，为了引导学生运用课堂中导入的内容，不要只进行机械的反复练习，需要思考如何进行更加贴近会话交流的练习模式。如果学生的状态不佳或者之前所教的内容完全没有掌握，日语教师就应该立即改变授课内容，对学生没能掌握的知识进行练习。日语教师要时刻关注学生的状况，进行符合当时情况的教学指导，以体现教学的弹性。

（二）从学生的偏误中学习，灵活运用习得研究的成果

学生的偏误对于教师来说非常重要。因为偏误是学生的习得阶段中现阶段习得状况的反应，思考其原因及对策是教学中非常重要的一环。日语教师应该留意学生的反应和所使用的语言，仔细阅读学生所写的作文。因为偏误是在学习第二语言的过程中必然会发生的现象，也是学习的一种证明，所以即使学生产生了偏误也不需要焦虑，重要的是要留意产生偏误的原因及对策。从现有的日语第二语言习得研究的结果我们能够清楚地知道，从学习的初级阶段到高级阶段，会出现各种各样的偏误，其出现的方式也各不相同。在改错测试中，学生能够改正错误的语言项目，但在对话采访或是听力测试中，有时会出现偏误，不同的测试方法会出现不同的偏误，也就是会出现变异现象。这一结果揭示了在日语教学中需要注意的很重要的一点，即：虽然考试成绩高，完全理解了考试内容，但是不能说明学生能够很好地运用日语，讲日语。同样地，在课堂中学生说出错误的日语，也不意味着

他们没有理解语言知识。换句话说，不会运用，不代表不具备相关知识。知道和会运用是两回事，很多时候作为知识虽然理解了，但是运用起来还是很难。因此，在教学指导时，日语教师应该注意知识与运用的结合。很多日语教师是通过观察学生的偏误探索应如何授课的。

第二语言习得研究可以在实际的日语教学中发现问题并对其进行研究。因此，从这一点来看，第二语言习得研究与实际的教学是密切相关的。以实际教学中发现的问题为出发点，通过验证学者所取得的成果，将教学与科研很好地结合起来。并且，通过实际教学中发现问题，教师自身为了对其进行改善而做出各种尝试，从这一点来说，日语教育的研究还可以作为一种行动研究。实际上，第二语言习得研究需要通过行动研究才能将其成果展示出来。

（三）不断追求自我完善

为了顺应学习者的多元化和学习过程的多元化，日语教师要不断地提升自己、完善自己，也就是说日语教师要不断进行自我发展。作为日语教师，掌握日语的基本语言能力进行教案制作、教材编辑、提升课堂指导能力固然很重要，但是在这之前，日语教师为了进行自我完善需要时刻加强以下意识。

1. 要有日语意识

作为日语教师，具备优美的日语发音、有关音声学的知识，简洁明了的语法讲解能力以及语言学的相关知识十分重要。日语教师要时刻积累日语相关知识。

2. 要有意识地提高自己的交际能力

日语教师是课堂的指挥者，是日语学习的引导者。因此，作为日语教师应具有最基本的与他人沟通的能力。除此之外，日语教师的语音、语速、语调以及表情都会影响到学生的情绪，因此日语教师要有通过观察学生的表情、动作等迅速地调整交际策略的能力。同时，日语学习本身与一般的交际不同，是跨文化交际。因此，日语教师除了要注重自己的交际能力以外，更需要在了解本国文化的基础上，了解他国文化，与学生进行顺畅的跨文化交际。

3. 要深入了解学生的特点和学习的内涵

日语教师要根据不同年级的学生以及不同特点的学生在教学内容、教学手段等方面做出适当的调整，也就是要因材施教。同时，日语教师要与学生建立良好的师生关系，能在课堂以外对学生进行指导和帮助。

第三节　日语课堂

一、理想的日语课堂

（一）3A 要素

1. Attentive（吸引注意力的）

为了集中学生的注意力需要留意以下几点：

（1）大声说话；

（2）采用与视听有关的教学工具和教材；

（3）教授教材内容的技巧有所变化；

（4）回答问题的学生数量增多；

（5）选用有趣味性的教材。

2. Attractive（有吸引力的）

可以理解为兴趣、关心，有两种特性：一个是“好奇心”（想要获得知识的欲望），另一个是“对日语学习持有肯定的态度”。在理解了之后才会引起好奇心。对不理解的事物是不会产生兴趣的。学生如果喜欢日语教师就会喜欢日语课。学生喜欢的教师是日语知识丰富、对教材理解透彻、对学生公平、喜欢日语并对日语有强烈兴趣。

3. Active（活跃的）

教师帮助学生将日语作为交流的手段进行学习。如果只进行模拟交流活动，而不进行实际交流活动，学生就不能主动地参与到日语学习中，在课堂中将处于被动的地位。

（二）3J 要素

1. Joinable（可参与的）

为了让学生主动地参与到课堂当中，就需要让学生多花时间参与到课堂活动当中。为了解决这一问题有几种方法，如进行小组活动等。

（1）同时、统一进行的活动，如音声、单词、句子、文章发音练习时，让学生跟读音频或教师的发音；

（2）大型组员活动，如听课文内容、默读，进行作文练习；

（3）小组活动，如某个小组与全班同学进行对话或交流活动；

（4）对练活动，做对话或背诵，练习一问一答；

（5）按照个人需求和水平进行课堂活动。

2. Joky（幽默的）

快乐有趣的课堂，幽默风趣的玩笑可以缓解紧张的气氛。

3. Joyful（愉快的）

机械的反复练习很枯燥，且易忽视语义。而对话交流活动则既有趣，又重视语义，就像是在做游戏一样。快乐且生动的对话交流活动只有在轻松的氛围中才可能实现。让学生动起来的课堂、简单易懂的课堂、有趣的课堂，才是理想的日语课堂。

（三）3C要素

1. Cooperative（合作的）

分组共享活动是合作学习的典型模式。在竞争学习、个人学习、合作学习中，合作学习的日语学习效果最好。互相肯定、互相帮助的关系，以及轻松的氛围，更容易促进学生的学习，还能激发他们的创造力。

2. Creative（创造的）

鼓励与支持最容易激发创造力。通过主动地、创造性地使用日语激发学生的创造力。

3. Curious（好奇的）

学生对日本节化感兴趣并且好奇心是在理解了以后才产生的。

如果日语教师做到了以上列举的3A要素、3J要素、3C要素，就能上好日语课，实现学生所期待的理想的日语课堂。但在实现方法上有一定的难度。以下列举了理想的日语课堂需要具备的要素：

（1）课堂生动；

（2）课堂氛围愉悦；

（3）学生积极参与到课堂当中；

（4）课堂简单易懂；

（5）课堂有变化（静与动、慢与快）；

（6）教师带着热情上课；

（7）学生认为课堂有趣；

（8）课堂氛围轻松；

（9）课堂中大多使用日语；

（10）课堂准备充分。

二、日语课堂教学的优化

（一）不断完善日语教学体系

在建立高校日语课程的过程中，应把学生的综合应用能力放在第一位。只有如此，才能满足企业和社会对人才的需要，从而提升毕业生的就业水平。随着日语教育体制的不断变革与发展，教育观念、教育目的也必须发生变化。在日语教学中，应勇于探索教育方式与模式。在实际操作中，日语教师要把理论和教学方法有机地融合在一起，形成新的课程系统，使课堂的教育质量和水平得到提高。

在课程安排与设计上，应重视日语基本的课程，使其巩固日语的基本知识，并使其掌握日语的基本知识。由于日本公司对日语人才的需求量越来越大，各大专院校纷纷开办了日语专业的选修班。选修课由学员按个人爱好进行。本课程以培养学生的学习兴趣为主要目的，在课程中着重对日本节化的特点进行了深入的介绍和说明。日语教师在讲授外语的过程中，必须根据课程内容和教学目的，建立起一套科学的日语教育系统，才能使其更好地发展。

（二）选用合理的教学材料资源，灵活运用互联网教学方式

日语教学要按照教学理念和教材内容的要求，科学、合理地选用教材。在当今社会，学生的知识要求越来越高，日语教师在教学中需要增加与社会热点和学生实际生活有关的、新鲜、有趣的内容。同时，在互联网技术和电子设备普及的今天，日语教师应该在教学中大量地使用互联网教学方式，以图像、音频、视频等方式直观而生动地向学生讲授日语语言基础知识和日本节化，激发学生学习日语的兴趣。

（三）创设语言环境

众所周知，语言环境在某种程度上决定着外语学习的成效。语言环境是学生学习日语必不可少的条件，因此日语教师要积极地为学生创设语言环境。日语教师要先对学生进行日本节化的有效“输入”，在此基础上进行语言环境的创设。日语教师要结合学生的兴趣和生活实际，为他们创设真实的语言环境。另外，还应重视对日语思维的训练，使其运用日语思维方法进行问题的分析与解答。

（五）不断提高教师的整体素质

新时期日语教师必须充分意识到自己在课堂中所扮演的重要角色。在日语教学中，教师要对学生进行恰当的指导，创造一个良好的学习氛围，激发他们的学习热情，使其真正

地进入到课堂当中。日语老师要尽量少用汉语，不要让汉语的思考方式对日语的理解产生负面的作用，而要尽量少用汉语来解决问题。日语老师要在专业和业务能力上继续提升，对日语进行更深一步的钻研，并参与多种形式的教学、交换和进修。

三、互联网日语课堂

（一）互联网日语课堂的特点

1. 创造性

互联网日语课选择网络上的网站或者校内网络的资源库，以供同学们选择，而选择、组合、融合、消化、转化则是由同学们通过自己的想象和创意实现的。学生们按照自己的喜好，挑选自己喜欢的素材，用自己的文字来描绘，查找相关的材料，进行匹配、补充、加工，最后按照自己的认知模式和思维，将自己的“作品”通过 Email 或其它手段传送到老师的邮箱里。老师可以马上给同学们回复一封邮件，然后让他们通过朗读、游戏或表演来加深他们所掌握的知识。

2. 认同性

互联网日语是以学生为主体，教师为主导，全体师生共同参加的“双主”教学，没有预先制定好的教学内容。在老师的指导下，每位同学将老师所选择的材料进行个人化处理，形成一段简短的文本。即，学生在网上“编制”教学材料，并使用网上的资源进行学习。毋庸置疑，学生对于自身成绩的偏好与认可是其他教科书所不能相比的。所以，网络日语教学能让学生对所学知识有很强的归属感，从而提高了他们的学习热情。

3. 开放性

互联网是一座庞大的资源宝库，与老师提前制作的课文、教科书相比，网络拥有全面的开放。首先，其数据具有动态、即时的信息，可为广大学习者提供最新、最受欢迎的资讯；其次，教材内容多样，涉及到了各个领域，教师和学生的自由选择空间极大，对提高学生的自学能力也是有益的；其教材内容丰富，文字与声音相结合，易于引起同学的关注和兴趣。于是，课堂扩展到了被称为“信息海洋”的网络中，网络已经成了日语的一部分，也就是日语的开放教育。

4. 形象性

当前，日语多媒体教室常常采用多种形式的课件，营造出生动的听觉与视觉相结合的学习氛围，以提升教学的效率；由于网络是一个真正的多媒体世界，因此不需要人工创造一个虚拟的学习空间。让学员置身于真实的环境中，体验日语的无限吸引力，并能即刻将所学之知识付诸于实际，学习成效自是倍增。由此，网络日语教室突破了与现实生活的隔阂，让日语教学变得简单、有趣。

（二）互联网日语课堂的优势

1. 符合日语课程的本质要求

日语教学实质上是一种技术和实际操作的教学，注重对学生进行多种语言能力的强化和口语练习。建构论主张，知识并非由老师所教授，而在于学生在特定的社会、文化环境（特定环境）中，由他人（老师及同伴）协助，运用所需的学习资料，藉由意义的建构来获取。为此，教师要利用网络技术搭建一个与课堂内容相适应的现实情景，让他们有内容可听，有话可说，可以通过实际操作来锻炼和提升他们的日语口语技能。除此之外，同学们还可以在网上下载日语电影、电视台播放日语等，还可以通过互联网与老师或日本同胞进行沟通，获得丰富的日语知识和实习的机会。因此，网络日语教室在这一领域所具有的特殊作用，是其他传统的教育无法取代的。

2. 互联网技术的优越性

互联网技术能够提供文字、声音、动、静态图像的综合接口，使教师在教学过程中可以自由地转换所要呈现的信息，从而使教学的内容更真实、更丰富、更生动、更具感染力。因特网上的信息资源是取之不尽用之不竭的，通过网上的信息、资料、图片等，进行自主听说训练，增强日语的听力和口语水平。

3. 提供丰富的日语教学课件和网络系统

许多知名高校日语专业的教授和专业人士已研发出一套日语教材及网上教学体系。从现有的在线多媒体教材和课件来看，他们博采众长，优势互补，各有特色，充分反映了日语教育的前沿思想，是国内外优秀的教育实践的结晶。通过这种方式，可以有效地改善青年师资缺乏、资深老师的退休所造成的教育品质降低等问题。

4. 解决教学中的实际问题

从多媒体课件与网络化的作用看，可以有效地缓解由于高校扩招造成的教师短缺的问题，因为在课时非常少的条件下，教师很难兼顾到学员的听力和口语能力。而听力类的软件可以有效地解决这个问题，老师可以安排并让同学们在课堂上运用这种软件进行“大运动量”的自我练习。

第三章　日语教学的内容

第一节　日语文化教学

一、日语文化教学的内容

教师在进行文化教学时，在培养学生了解不同文化背景、理解不同语言的背景下，也要培养他们对不同文化背景下的跨民族文化的了解，才能具备真正的文化能力。文化教学的内容大致包括三方面的内容，即言语文化、非言语文化和交际文化。这既适用于研究不同语言的文化，也适用于同一文化不同层面的研究。在教学过程中，教师要有针对性地将两种不同文化进行对比研究，这样做不仅可以让学生的认识更加深刻，而且可以令其理解更加透彻。

（一）言语文化

言语文化通常从 3 个方面来研究，即与语音相关的文化内容、与词汇有关的文化内容以及与语法相关的文化内容。

1. 与语音相关的文化内容

即使是同一种语言在不同的地区或国家也会有区别，我们可以据此判断说话人的文化特征。语音不仅可以反映说话人的性别特征、区域特征，还可以反映说话人的社会地位等；要理解一门外语的全貌，就要从其音系着手。音系包括了元音、辅音、声调等。在此要特别指出的是声调。声调是指附着于音节的一个超音节，它的组成以音高为主，即指整体音节的音高。日语是一种高低两种类型，汉语是一种高低轻重皆有的声调。而且，东京方言中的语调都是以拍子为基础的，每个拍子的大小都有一定的差别，这和汉语的发音是完全不一样的，汉语中的声调是一个音节的内部有高低的差别。此外，日语汉字中的发音也有很大的差异，即“吴音”和“汉音”。吴音与汉音，不但在传入日本的时间上有一定的顺序，而且从中国传到日本的地点也各不相同。人们普遍相信，吴音是日本大和时期与南朝时期的汉语发音，其发音以中国南部地区为主。“汉音”是由中国唐朝（公元8~9世纪）在日本奈良年间引入的汉字，其发音形式为中国唐人的都城长安。吴音与汉音是两种不同的声学体系，它们在音系上是很相近的。因此，在汉、日语音的音系学上，并没有把日语汉字中的吴音、汉音同汉语作比较。日本的音系部分传承了中围的音系，因此二者不仅在语义上，而且在文化的内涵方面也存在着一定的共通性。

2. 与词汇相关的文化内容

在语言构成的各要素中，词汇与文化的关系最为密切。存在于不同文化环境中的语言的词汇都承载着丰富的文化内涵。研究这些词汇所蕴含的文化内涵对语言学习具有重要的意义。

3. 与语法相关的文化内容

语法能够揭示一种语言连字成词、组词成句、句合成篇的基本规律。文化背景的不同就会导致语言的表达方式各异。此外，不同的表达方式还能反映 m 不同民族的思维方式。语法揭示了中日民族之间的思维方式的不同，其实，日语语言的学习也体现着中日民族之间思维的不同。对学习者来说语法是“赖以学会使用语言的手段”。学习者的目的是为了学会如何使用语言，语法只不过是达到这一目的的一种手段而已。也就是说，学习者不是想学语法，而是想学语言。与此相反，对于母语说话者而言，思考母语的语法，是一种“探索、梳理现行语言结构”的工作，这种工作本身就可以成为目的。从语言学角度来探讨日语结构的“日语语言学”语法，正是这种源自母语说话者角度的语法。如上所述，母语说话者与学习者的语法观迥然不同。因此，母语说话者（或者虽非母语说话者但已熟练地掌握该语言的人）在考虑教授语法时，有必要认真审视自己思考语法的角度与学习者的角度是否一致的问题。毕竟学习者并没有亲身经历日语的那种文化环境，况且，在日本语言学习方面，学习者的语法体系不是静止的，而是由初级到中级、由中级到高级持续变化着的一种动态连续体，因此，学习者如果不能有像日本人那样学习日语语法的连贯性思维，就很难将日语学好。

（二）非言语文化

非言语交流是指除了语言活动以外，所有受到交际者和交际场的影响而引起的各种刺激，而这种激励又会给受话人带来潜在的信息或含义。包括手势、表情等，也包括不同文化对时间、空间和颜色的不同观点，不同的听觉、嗅觉、视觉、触觉等不同的感觉特征。在语言表达中、对语言执行中都起着非常重要的作用，有时候还能起到“沉默”的效果。与非言语交际有关的文化也是日语文化教学应该涉及的内容之一。非言语交际的构成要素主要有以下几种。

1. 举止神态

举止神态指的是人的身体动作或是身体语言，如人的举手投足、眼神或表情都属于举止神态。非言语交际所涉及的举止神态的内容可以总结为面部表情、手势和姿势三个方面。

（1）面部表情。面部表情往往是人的内心情感的自然流露。它是人们传递感情和分析他人感情的主要渠道。如何运用面部表情体现了不同文化对于情感流露的不同理解。日本人认为，一个人在公共场合克制自己气愤、悲伤、爱慕、高兴等表达感情的丰富是睿智与成熟的体现。微笑是一种很普遍的脸部表达方式，在不同的文化背景下，很有可能产生误会。微笑通常表示快乐和友好，但是在亚洲文化中，微笑还有其他一些含义，例如，害羞、尴尬、生气、抱歉、拒绝等。日本人还经常用微笑掩盖内心的痛苦。这种非语言交流方式对欧美人来说是非常陌生的。

（2）手势。手势是交流中常用的一种身体行为，尽管许多手势都是通用的，但其意义在不同的文化背景下是不同的。有些手势是一种积极、幽默、无害的动作，在另一种文化中可能就是负面的甚至是冒犯的动作，很容易引起跨文化交际中的误解和冲突。这也在一定程度上体现了非言语交际符号与其代表含义之间的任意性。

（3）姿势。姿势包括站、坐、蹲、跪等动作，是人的肢体用来传递信息的主要方式之一，我们通常可以透过不同的姿势得到不同的潜在信息。在卒十会交往中，人们往往根据一个人的姿势和举止来判断他的性格和修养，姿势的得体性却是因文化而异的，并不具有普遍性。

日本人以见面行鞠躬礼著称，日本人的鞠躬动作不仅具有问候的功能，而且体现出对等级、社会地位和正式礼仪的重视。因此日本人对于尊者的鞠躬姿势越低，越表示尊重。地位低者要先鞠躬，而且一定要比对方的姿势更低，时间更长。如果双方地位相等，鞠躬则应该有同样的深度和时长。

人们的坐姿也同样具有一些文化的特征。多数国家的人一般坐在椅子上交流，而阿拉伯人则喜欢坐在地上交谈，日本人也有坐在“榻榻米”上吃饭聊天的传统。

由上可知，举止神态的熟练掌握能帮助我们成功地进行跨文化交际。由于不同文化中动作的习惯不同，学习者要加以注意并用心领会。

2. 副语言

副语言亦称为“辅助语言”，是一种有声的现象，它是一种超越了言语特性的额外的现象。它包含了语音的音量、音调、重音、语调等要素，用重音、重音和音调来表现讲话者的情感和情绪；还有一些表示各种含义的声音，例如叹息，呻吟，咳嗽等。

类语言是一种有声的非语言活动。在交流中，“副语言”常常带有某种意义。比如，把一个单词拖长以示强调或暗示，用尖酸的语气表达讽刺，整个句子带有鼻音，表明他很恼火，声音很小，说明谈话的秘密，口齿不清的说明他在撒谎或者是在紧张。另外，喊，叫，哭，笑，叹息，咳嗽，沉默等也可以被视为副语的一种。

所有这些“副语言”都是伴随话语而发生的，对话语有一定影响或者有某种意义。从这个角度来说，学习掌握这些语言之外的副语言现象能更好地理解说话者的意图。

3. 环境语

环境语言是由语言自身产生的生理和心理环境，包括时间、空间、色彩、声音、信号、建筑等。同时，环境语言也具有一定的语言特征。

4. 近体距离

近体距离指的是人们在谈话交流中与他人保持的空间距离，在家，办公室，社交团体中，空间之间的距离和人们的组织方式。根据交流种类和性质的不同，可将其分为私密距离、个人距离、社会距离、公众距离四种类型。

（1）私密距离。私密距离可以是近距离的，真正的人体接触就属于这一概念范畴，经常发生在恋爱中，在亲密的朋友、家长和小孩在在一起玩的时候。它也可以是远距离的，即保持 46 厘米以内的距离，这是一般较为密切的关系距离。

（2）个人距离。个人距离的范围是 46~120 厘米。个人距离是人们之间保持的最为自然的距离。在这个距离内，人们同样可以进行日常的非语言交际行为，如握手或牵手等。

（3）社会距离。社会距离的范围是 120~360 厘米。一般情况下，社会距离保持在离他人一臂之长的地方。我们处理非私人事务一般就在这一距离中。它适合于正式的公务活动、商业活动或社交活动。

（4）公众距离。公众距离的范围是 360 厘米以外，是以上所有距离中最为安全的一种。一般教师上课、司法调查、商业谈判等都必须保持这样的距离。在这一距离内，人们通常不会发生谈论或是交流。

综上所述，教师在非言语交际文化的教学中应该注意以下几种情况：①同一动作在不同的文化中表达的意义是不同的；②同一含义在不同的文化背景下表现出差异；③某些特定的行为具有特定的文化特征。

二、日语文化教学的方法

日语教学中文化教学的方法和技巧既受到教学目标和教学内容的影响，也受到其自身特殊性的制约。常用的文化教学方法有以下几种。

（一）直接导入法

直接导入法是教师在课堂上将语言的文化背景知识直接引入到学生的课堂中。这是一种最简单、最有效的文化教学方法。

因此，在课堂上，教师要尽量发挥自己的主导地位，把有关的文化背景知识直接导入给学生。在准备的过程中，教师要认真挑选与教学有关的典型文化资料，并恰当地应用于教学，这样不仅能增强教学的知识性、趣味性，还可以加深学习内容的广度和深度，同时可以激发学生的求知欲，活跃课堂氛围，使课堂氛同利于日语教学的展开。

（二）文化旁白

文化旁白是一种比较便捷的注释方式，它是一种传递社会文化知识和教师在课堂上使用的语言。

通常，教科书中所选取的作品都具有一定的文化背景，有些是作者、有些是内容、有些是年代。同时，文本的内容也常常涵盖了这个国家的政治、经济、文化、宗教、建筑、地理、工业、农业等诸多方面，而且这类文章的信息量很大，可以很好的反映两个民族的文化差异，具有很好的可读性。

因此，在教学中应注重文化知识的渗透，以达到日语教学的目的，既要培养学生的教育观、文学修养、价值观、社会生活、习俗等多个层面，又能有效地促进学生的综合语言应用。对于学生而言，在阅读理解目标语时，存在着很大的文化差异，而运用这种方式能够很好的消除某些语言的认知障碍。

在这种教学方式下，老师可以作为讲解员，也可以通过图片、实物教具、多媒体等方式来进行讲解。这些课程的目标是让学生对所读、所听到的知识有更好的了解，同时也能丰富他们的感性认识和理解。这种教学方式具有灵活性、适应性强、应用范围广、使用寿命最长等优点，但其弊端在于任人宰割，具有很强的随机性，而且要求教师具有良好的语言和文化素养，并具有一定的教学技巧。

（三）词汇渗透文化法

日语的学习以词汇为主，人们普遍认为，只要记住就可以了，但对大部分日语学习者，尤其是日语基础薄弱的人来说，要记住单词就不容易了。日语老师在进行词汇教学时，除了让学生按照一定的规律进行记忆，比如联想、记忆等，还应适当地加入词汇的文化含义，从而引起学生的学习兴趣，在感受到文化的同时，也能加深对单词的认识。另外，日语中的某些短语和俗语也是日语学习的一个重要方面，因为它们承载着丰富的文化知识，有的则反映了不同的文化差异，若没有相应的文化背景知识，就很难理解和使用。所以，将文化导入到日语词汇教学中，可以对日语的深入研究奠定坚实的基础。

（四）对比分析法

对比分析法是一种很好的跨文化交流方式。在外语教学中，经常采用对比和分析的方法进行文化教学。教师在为学生提供日语文化知识的同时，通过比较中西两种文化的差异，可以使他们更好地了解日语与汉语文化之间的差异及相互关系，更好地了解两种文化。对比的目的在于使学生在对比中找到语言和语言的不同，从而正确地区别知识和交流的文化。

（五）学习和鉴赏外国文学作品

这种教学法是指在老师的引导下，从多个方面分析文学作品，理解人物的情绪，理解不同文化背景下的文化交流与文化碰撞。

目前中国日语教育中，大部分学生对日本节化的理解，都是通过间接的阅读，如小说、报纸、杂志等。然而，许多学生在阅读的过程中，往往只注重故事的情节和词汇量，而忽略了文化的具体表现，比如风俗习惯、文化差异等。因此，在教学中要正确地引导学生阅读，并在阅读时要注重文化背景知识的积累，并进行相应的分析和对比，以提高他们的文化背景知识。

第二节　日语听力教学

一、日语听力教学的内容

日语听力教学是日语教学的重要组成部分，对于人才的培养有着重要的影响作用。下面对其内容进行分析，从而为日语听力教学指明方向。在现阶段的听力教学过程中，应该包括听力知识、听力技能和听力理解，下面分别对其展开介绍。

（一）听力知识

听力基础知识是学生日语听力技能培养与提高的基础，主要包括语音知识、语用知识：策略知识、文化知识等。

语音教学是听力教学的重要内容。在实际的交际过程中，同一个句子会在发音、重读、语调等的变化中产生不同的语用含义，表现出交际者不同的交际意图与情感。在听力教学过程中，使学生掌握日语的发音、重读、连读、意群和语调等语音知识对学生语音的识别能力和反应能力的提高有积极的促进作用。同时在教学过程中，教师还应对学生进行听音、意群、重读等方面的训练，训练内容既要包括词、句，也要包括段落、文章，使学生熟悉日语的表达习惯、节奏，适应日语语流，从而为学生提高听力理解打下坚实的基础。这种训练还能在无形中培养学生的日语思维能力，促进其二语习得能力的提高。

听力知识还包括语用知识、策略知识、文化知识，这些知识的科学教学也是提高学习者日语听力能力的重要手段。其中语用知识的学习能够帮助学生理解话语内涵，增加其对话语的理解程度。策略知识的学习能够帮助学生依据不同的听力材料和听力任务进行策略选择，从而提高听力的针对性。文化知识的学习对于学生日后日语的跨文化交际有着积极的促进作用，有利于不同文化背景下交际的顺利进行。

（二）听力技能

日语听力技能的教学能够有效提高学生日语听力的科学性与针对性。对于技能和技巧的合理运用，能够为跨文化交际水平的提高打下基础。

听力技能主要包括以下几项内容。

1. 辨音能力

听力中的辨音能力教学指的是使学生了解音位的辨别、语调的辨别、重弱的辨别、意群的辨别、音质的辨别等。这种辨音能力的训练不仅能提高日语听力进行的有效度，同时对学生理解能力的提高也大有裨益。

2. 交际信息辨别能力

交际信息的识别能力主要有：识别新信息、例证、话题终止、转换等。交际信息的辨别能够提升听力的有效性和针对性，促进学生对话语的理解效率。

3. 大意理解能力

大意理解的基本技能是：了解对话的主旨和目的。大意理解能力的提高为学生在整体上把握话语内容做好了铺垫。

4. 细节理解能力

细节理解能力是指获取听力内容中具体信息的能力。在日语学习和考试过程中，对细节的理解能力能够帮助学生提升做题的准确度。

5. 选择注意力

选择注意力是指在听力过程中，依据听觉目标和关注点的选取。针对不同的听力材料，进行注意力的选择训练十分重要，这种练习有助于学生把握话题的中心。

6. 记笔记

记笔记技能是指根据听力要求选择适当的笔记记录方式。掌握良好的记笔记技能可以提高日语听力记忆的效果。

教师应该了解，听力水平的提高并不是一朝一夕便可以完成的，需要教师循序渐进地进行针对性教学工作。同时又要清楚不同的学生有着不同的学习习惯和学习特点，教师需要因材施教，进行特色教学。

（三）听力理解

日语听力知识的学习与听力技能的教授是为日语听力理解服务的。语言由于使用目的、交际者等因素的作用会带有不同的语用含义，因此对话语的正确理解就成了日语听力教学中的重点和难点。教师在听力理解的教学过程中，应该使学生懂得如何从对字面意义的理解上升到对隐含意义的把握，继而提高日语的综合语用能力。具体来说，日语听力理解主要包含以下几个阶段。

1. 辨认

辨认主要包括语音辨认、信息辨认、符号辨认等方面。尽管辨认处于第一个阶段，属于第一层次，却是后面几个阶段开展的重要基础。一旦学生无法辨认听到的内容，那么理解也就无从谈起了。

辨认有不同的等级，最基本的辨认是语音辨认，而最高级的辨认是辨认说话人的意图：教师可以通过识别、匹配、勾画等特定的方法来培养和测试学生的辨认能力。如根据听到的内容给听力材料的句子排序。

2. 分析

分析要求学生能将听到的内容转化到图表中去。在这一阶段，学生能够识别语流中的词组和句式，从而了解日常对话的基本内容。

3. 重组

重组需要学生用他们自己的语言把所听到的东西用口头和书面形式传达。

4. 评价与应用

评价与应用是听力理解的最后两个阶段，要求学生在前面三个阶段即获得、理解、转述信息的基础上，能够运用自己为语言对所获得的信息进行评价和应用。在实际教学中，可以通过讨论、辩论、问题解决等活动进行。

以上这几个阶段是一个循序渐进的过程。在听力水平上，听力教学要经过识别、分析、运用等一系列的过程，并逐渐提高。

二、听力教学的重要性

听力是一项重要的语言技能，是接收信息的重要环节，是学习语言、掌握语言的第一步，是使用语言的重要组成部分。听力在日语教学中占据着举足轻重的位置，是进行交际的基础，而听力又是一门很难掌握的技巧，这是一个循序渐进的过程，必须要持之以恒。

（一）以听力教学巩固语言知识

在日语教学中，传统的学习理论认为，学生对语言知识的学习是从教师的讲解开始的。具体来说，就是学生通过老师的讲授初步理解知识的内容，再通过口头练习或者书写练习实现知识的内化。听力教学活动就是促进所学语言知识不断内化和巩固，最终实现知识体系的建构。

事实上，教学领域的理念变化归根到底是由宏观层面上的语言学习理论研究引发的，语言学、心理语言学、认知心理学和社会语言学等学科领域的研究成果对语言学习理念产生了深远的影响。首先对听力教学的理念加以梳理，以帮助读者通过理念上的变化来理解“为什么听力活动是巩固语言知识的有效手段”。

1. 环境论视角下的听力教学观

环境论视角下的听力教学观认为，语言学习是一个遵循“刺激—反应”的机械过程，所谓“刺激”是指学生听到的口语形式的语言输入，“反应”则是指学生对语言输入中语音、词汇、句子等层面信息的辨认和理解。对于学生来说，听的目的就是对音调、句子重音以及节奏等信息进行识别与分辨，语言学习的过程就是学生通过重复练习不断模仿、建立习惯并强化习惯的过程。受环境论的影响，语言教学活动领域出现了听说教学法。听说教学法非常注重练习在听力教学中的作用，设计教学活动时要求学生完成一系列的听、说活动，如语音练习、短语记忆以及对话模仿等。而且，听说法侧重引导学生开展语言形式层面上的学习，如帮助学生听懂单词、短语以及句型等，确保听力习惯的建立。

2. 互动论视角下的听力教学观

互动论视角下的听力教学观产生于20世纪70年代末。在当时，不断发展的语言学习观认为，语言发展受到社会环境的影响，是一个动态的、交际的、社会化的过程，强调语言功能在现实语境中的运用，同时也没有忽视对学生认知能力的考虑。也就是说，互动论认为，语言发展受到语言环境和内在机制的双重作用，外在因素与内在因素在学习过程中都起着重要作用。互动论的日语听、说、读的中心应该是整体的，而不是孤立的单词、短语和句子。在这一过程中，学生的目的也不仅仅在于了解其形态的构造，更在于其内涵的建构。

（二）以听力教学激发学习兴趣

教学是一种具有双面特点的活动，从教师层面看，教学是教师指导学生学习的教育活动；从学生层面看，教学是学生在教师指导下开展的学习活动，即学生通过教师的指导，不断掌握知识和技能，促进自身各项能力的发展。因此，教学具有过程性特点，既是教师教学并在教的过程中不断积累教学经验的过程，也是学生学习并在学习过程中获得全面发展的过程。在教学的进程和学习的进程中，如何调动学生的学习兴趣，促使学生在学习中始终坚持学习的态度，这都是一个不容忽视的问题。

首先，由于老师掌握着听力活动的全部过程和速度，因此学生对听力活动的兴趣不大，而听力活动的重心在老师的身上。

其次，由于一些听力理解的行为会让他们在一定程度上感到孤立无援，从而导致他们对听力活动不感兴趣。

此外，日语听、说、读、写技能中，听的发展是一个十分显著的内在特征。

最后，由于日语学习者在实际的语言背景下进行的活动，在课堂上表现出了明显的差异，因此，在实际的交际情境中，学生很难在一定程度上形成自己的交际需要。

此外，听力与阅读过程是完全不同的，在阅读的过程中，学生可以自主地控制自己的阅读速度和次数，比如，可以反复阅读，也可以暂停阅读，让自己的注意力集中在一个日语词汇的含义上，而听力材料则是以声音为媒介（一些听力活动会附带图片），因此，学生不能控制自己听的频率。与实际的交际情境相比，日语听力教学难以让学生真正地进行交流。

因此，听力理解常常被认为是一种比较困难的技巧，从而使学生在听力理解中缺乏主动和积极性。所以，要让学生在实际交际情境中亲身体会到日语在实际交际环境中所获得的满足感，就需要改变日语听力教学的观念和方式，学生需要从“受控者”变为“引导者”“启发者”“促进者”。

由此可见，日语听力教学对学生的学习兴趣有四个方面：新信息的呈现，新旧知识的整合，语言知识的运用和评价，以及各种语言能力的培训。在听力理解中，新知识的呈现会创造出与当前知识内容相关的、尽可能真实的情境，通过生动、直观的形象来有效地唤起学生的联想，唤起长久以来所记住的知识、经验或表象，促进新知识的融合，使其能够充分利用已有的知识的经验，对已有的知识进行调整，使新知识融入到整体的知识系统中，从而达到理解问题、运用知识、建构知识的目的。

（三）以听力教学提高交际能力

交际能力是指在一定的时间、地点、场合，根据不同的交际对象，灵活地运用这些语言。换言之，掌握一门外语，需要学生学习该语言的用法，以及在特定情况下运用某种形式的恰当与否。卡纳尔（Canale）与斯温（Swamn）对交际能力给出了较详细的定义和阐释，认为交际能力由四个方面构成：语言能力、社会语言能力、语篇能力、策略能力。

为了辨析和解读听到的篇章信息，学生首先必须要理解听力材料具有哪些语篇特征，并将这些特点与篇章的交际目的和语境相联系。在这个过程中，学生积极参与信息交流，进而激活了日语交际能力框架中的其他知识。下面，本书将对日语听力教学中的语言能力、策略能力以及语用能力进行具体地阐述，以强调日语听力教学的重要性：

1. 语言能力

日语语言的学习包括了语音、词汇和句法等各个层次的知识，也就是学生在听力活动中理解日语的口头语的重要依据。一方面，要使学生掌握日语的词汇量与句法，能够利用词汇量和语法规律来理解日语，并通过语法知识的规律来判断所听的句型是否自然、是否连贯。同时，在日语教学中，学生不仅要了解单词的音节，还要了解节奏、重音、语调等规律。

2. 策略能力

策略能力包括交际策略和学习策略的运用能力，目的都是为了完成语言交际意义的建构。学习策略包括元认知策略、认知策略以及社会情感策略，恰当地使用学习策略有助于学生听力技能的提高。相关研究表明，学习策略尤其是元认知策略培养，对提高学生的元认知水平、不断优化其学习方法、提高学生的自我监控能力以及更有效地发展共语言水平等都具有十分积极的促进作用。而且，在听力教学中注重培养学生的策略能力是人本主义思想的体现。换句话说，学生策略意识的提高有助于培养学生的自主学习能力，如计划能力、监控以及评估能力。策略能力培养的重要性和必要性要求教师有意识地遵循系统而稳定的教学计划开展听力策略训练。

3. 语用能力

语用能力关系到学生在特定语境下对语言功能的理解，以及在辨析语言表层意义和内涵意义时对所涉及的社会语用因素的把握。因此，为了理解讲话者的真实交际意图，学生应意识到话语的语境特点（如正式或非正式）、参与者之间的关系（如社会地位、性别差异）以及礼貌程度（陌生或者亲密关系）等。

三、日语听力教学的方法

（一）提示型教学法

对于日语的理解和高精准推测，在很大程度上有助于学生的听说水平提高。但是，在现实生活中，如何培养学生的学习预测力？其中一种方式就是使用提示式的教学。提示性教学是指在实施听力课之前，把所学的知识进行整理和建构，然后通过图片、音频、提问和小组讨论等形式预先向学员们展示。

提示型教学法在课堂上的具体操作如下。

（1）在播放之前，向同学们呈现所述内容的图片、视频或说明性资料。

（2）让同学们把所听过的单词和要点都记下来。

（3）将学习者分为 3 至 5 个人，将每个学生所听过的每一段音频收集起来，从而推断出所讲的内容，并加以整合。

（4）请各群组中的一位成员为对话的内容而发言。

提示型教学法有如下两个特点。

（1）毫无疑问，听力理解与学习者已有的认知有着密切的联系。在向同学们展示视听材料之前，应以文字和图片的形式向学生展示所需要的信息，使学生能够激活已有的知识，从而促进他们的听力理解。

（2）通过收集各同学所听的音频和视频资料，利用不完整的资料作为线索进行分组预测，从而使同学们在放松的环境下，培养对文章的预测和猜测的听写习惯。

提示型教学旨在通过总至分的方法来培养学生对听力的理解。所以事先向同学们提供的信息，应该是一种有系统的认知，可以帮助他们在脑海中形成某种结构。实验结果表明：经过七次以上的培训，大多数的学习者能够从对语法的总体掌握中推断出原来意义不明的词汇和词组的使用情况。通过提高练习频率和提高学习者对“提示型”的理解能力，可以使学生对课文的理解更为精确，对课文进行更为详细的剖析。

（二）引入认知语言学的听力教学方法

1. 认知语言学应用于低年级听力教学

口语交际中，词汇的学习与运用是听力的重要组成部分。第一次接触日语的初学者，要想“听懂”这个词汇，首先要掌握它的意思和使用方法。本节试图将认知语言学中的结构语义理论应用于一年级的日语听力课。

提出了框架语义理论的菲尔墨（Charles J. Fillmore）指出：语言中存在一个结构化的范畴系统，它跟一些激活的语境相一致。”

在一年级的听力课中，我们可以运用框架语义理论，为学生创造出更多的“框架”，并提供更多的“元素”和“背景”，使他们能够更好地理解所需要的词汇。比如，当学生说到“课桌上有一本书”的时候，教师告诉学生它的含义和用法，然后再让学生建立一个“框架”，让学生更容易地记住词汇。“空间位置”的概念，是可以扩展的，除了“上”，还有“下”“左”“前”“后”“边”“内”“外”等。通过设置情景和主题，使学生能够在一定的情境下，通过联想或比较记忆词汇，了解不同情况下说话人所用的语言和语调。

2. 认知语言学应用于日本语能力测试教学

日语专业在二年级以后将会面对日本语言能力的考验。日本语新考试的一些题型进行了修改，将“重点理解”和“概要理解”两个题型分别写入了试卷，从单纯的“快速听力”变成了“快速阅读+快速听力”，并加入了“N3”“N1、N2”的题型，即根据情景听素材，选择适当的会话形式。这几种题型的改革，体现了语体语义理论在日本语能力测验中所起到的作用，在考试中对应试者的能力提出了更高一层次的要求，同时也对听力教学设定了一个更高层次的目标。

总之，在日语听力教学中运用认知语言学的方法，运用框架语义理论进行情景分类，可以促进学生的学习兴趣，提高学习效果，在应付能力测验中采用场景分类的方法来解决新的问题，有利于学生系统地把握知识要点，提高理解能力，是日语听力教学的一种有效方法。

（三）情境教学法

1. 情境教学法的定义

情境教学法（Situational Method）是第二次世界大战后欧洲出现的一种视听教学法（the Audio-visual Method），通过多媒体、实物演示、角色扮演、实验操作等多种方式，把认知和情感、形象思维与抽象思维、教与学有机地结合在一起，充分发挥学生的积极性、主动性和创造性，改变学生单纯被动接受知识的一种教学方法。情境教学法注重身临其境地学外语，创造多种不同的虚拟情景，创造出适合听力的舞台，在一定的环境下练习词汇、句法，往往要比单纯的单调练习效果好得多。

2. 情境教学法运用于日语专业听力教学

听力教学是日语教学中的一个重要环节，从初学者到毕业后的高年级都有很大的提高，然而如何把日语教学做得更好，这是许多日语老师和学习者所面临的一个问题。因此，本节试图在日语听力教学中应用情境教学法，以促进学生学习的主体性和主动性。

（1）创设生活情境。生命是语言之源，日语听力教学应努力将教室变为一个小型的、浓缩的社会，从生活中找寻听力材料，使其在虚拟环境中感受、感知、记忆、思考。

（2）创设游戏情境。游戏是一种轻松的学习方式，它把日语听力的教学与活泼的游戏相融合，不仅激发了日语学习的积极性，还能使他们在轻松、快乐的氛围中积极地学习。游戏教学注重学生主体性，要求学生积极参与。在听力课上，老师会播放一段听力材料，让学生认真地听一听所学内容，然后找一群同学做一个游戏，由第一个学生说出所听到的单词，如果不能重复，那就让他们重新听一遍。在听过一遍后，可以让另一名同学把自己听到的单词补上，如果不能完整地说出来，就可以一直播放下去。这样就会产生一种竞争意识，让同学们在聆听的过程中更加专注和高效。同时，它还可以通过听过的声音来进行复述，从而正确地指导日语的发音。

（3）创设情感情境。情感是教师教学的灵魂，如果教师放弃了情感，那就意味着失去了教育的精神。教师应以情为本，营造良好的心理环境，营造愉快、宽松、平等合作的听力氛围。在日语听力课中，老师也是传递日本节化思想的最佳媒介，藉由情绪的使用，可以提升听觉的效果，更能达到事半功倍的效果。

（4）运用多媒体情境。近年来，随着多媒体技术的不断发展，为听力教学带来了极大的方便。它能打破时空的局限，将声音、图像、动画、影像等有机地融合在一起，把自然中的声音、色彩、形态发挥到极致，创造出逼真、丰富、立体化的日语教学情境，使学生有一种身临其境的感受。

（5）利用角色情境。根据课文内容，老师可以让同学们在日语会话中扮演一个角色，体验日语的练习。这要求学生首先要对课文的内容有一定的了解，其次要有较好的语法能力，最后还要能在特定的情境下独立地使用日语。日语教学的经验告诉我们，听力和口语是不可分割的两大部分，只有把听和说结合起来，才能达到事半功倍的效果，更容易掌握纯正的日语。

通过教学实践，本节认为，情境教学法打破了传统的法维智主义教学模式，将言语、行动、感情融为一体，以激发学生的情绪为中心，在日语听力课中采用情境教学法，能够有效地激发学生的学习兴趣，调动他们的主动性，从而改善听力教学的质量。

（四）直接教学法

1. 直接教学法的特点

直接教学法最大的特色就是在教室里只讲日语，让学生把老师教给他们的句子都背下来。通过不断的重复的模拟，学生们逐渐熟悉了一些特定的结构和句式。在课堂上，老师不使用自己的母语，而是通过直观的教具、手势、戏剧效果等多种方式来传达所学的语言。人类发明了很多独特的教学方法，这些方法不需要母语，也不需要翻译。直接教学法对教师和学生都有很高的要求。

2. 直接教学法的实施

第一，为学生提供了大量的日语实例和语料，使他们能够很自然地从日常生活中所获得的日语资料中获得语法知识。

第二，教师不会在课堂上对语法进行分析或解释，因为文法一旦在学生的记忆中形成了规则，学生就不能将“文法”与“意义”直接联系起来；如果日语学习者不能将所学的语法与语义进行直接的连接，那么所学到的知识就不能自动地转换成交流过程中的资源。

第三，本教学法更注重日语中的个别词语，而非语法。在单独的日语词汇教学中，教师不会只用“单字表”的形式来表达单词，而是要把单词用有意义的语句或段落来表达。通过这种方式，学生可以把一个单词的自然用法在脑子里记住；只有将每个单词都保存在自己的“活用字库”里，这样，他们就不会变成一堆零散的单词，而可以立刻用来交流。

第三节 日语口语教学

一、日语口语教学存在的问题

（一）缺乏交流环境

日语在国内属于小型语种，不能作为生活中的沟通工具，因此日语的应用十分受限；二是因为缺少实际交际情境和目的，使得学生很难得到运用日语进行交际的机会，也没有强烈的锻炼日语的意愿。再说了，日语和中文和英语是不同的，说起来很困难。结果就是，在教学中学生不积极主动，不善于与老师合作，造成了老师的单打独斗，影响了口语交流的发展。

（二）重视程度不够

为了提高交际能力，日语口语是日语专业的必修课。然而，许多学校日语教学中，日语教学仍然是以精读为主，口语为辅，口语教学为主要内容。由于课堂上的时间安排较小，因此学生使用日语的时间较短，从而对学生的日语交流能力和水平产生了很大的冲击。

（三）两种教学方法的缺失

由于受到考试的影响，我们的传统的教学方法是由老师来教，教师则侧重于教授和分析语言的知识，往往先输入词汇，句型，语法，表达方式，反复模仿，反复背诵。但由于缺少现实场景和现实生活的情境，导致了日语语言的写作和口语表达的缺失，忽略了语言的特点，难以有效地提高语言的交流水平。

二、基于文化视角下的日语口语教学策略

（一）在课堂上多使用日语进行教学

很多老师在教学中，都会用自己的语言来解释单词、语法和文章的含义。事实上，每个语言都是有自己独特的性格特点的，有些时候很难和它相符合。若大量地进行日汉语互译，将会使学生很难从其母语的思维中解脱出来，从而形成用母语思维，用母语直接表述自己的想法。所以，老师在教学中要尽可能地使用日语来进行教学。刚开始的时候，同学们还会有些不习惯，特别是对于那些比较冗长的句子，会有一段时间的不能做出回应，会产生挫败感，这时老师就不要松懈了，而是要用反复的动作和丰富的表情，来激发他们的自信。

（二）创新教学手段，建构语言情境

此外，通过多媒体、课件、实物等直观的方式，创设生动形象的语言交流场景，让同学们能够亲身体验到日本语言的魅力。通过反复大量的语言训练，使日语语感得到发展，逐渐养成日语思维，用日语直接表达的思维方式。

（三）听与说有机结合

听是一种最基本的语言输入形式，它是获得语言的知识和获得信息的主要途径，是进行言语交际的基础。从听说到理解，再到表述，这是日语的一个客观的法则。所以，在日语口语课中，要注意培养学生的听和说的意识。

（四）营造和谐的课堂氛围

在课堂上，过分注重语言的精确度和严谨，会给学生带来恐惧和焦虑。再加上紧张沉闷的教室氛围，使同学们恐惧说得不够好，说得更少，说得更差。日语口语课难以进行，日语口头交流的技能也难以得到有效的提升。在课堂教学过程中，要充分利用课堂教学的优势，营造宽松和谐的课堂氛围，运用多种形式的口头练习方法，使学生主动参与其中。在课堂上，老师要与同学们融为一体，相互信任，相互尊敬，增进感情，与同学们共同创

造和谐、轻松的学习氛围。要达到良好的教学效果，必须先把学生的焦虑和恐惧从心理上排除掉。

（五）培养学生的自信心

同时，老师也要充分认识到学生的个人特点，并针对他们的学业表现和性格特点进行适当的调整。同时要注意到内向和外向的学生，要善于发掘学生的长处，给不同层次、不同基础的学生展示自己的能力的机会。对于学生的每次提高，都要及时地予以表扬和激励。老师的认可，既可以让学生获得自信，又可以让他们有一种成就感，进而提升他们对日语的自信和兴趣。只有如此，才能克服心理上的障碍，让他们敢于运用日语进行口头沟通，在一个轻松融洽的语言氛围中，逐渐地提升日语的口头表达技巧。

第四节　日语阅读教学

一、日语阅读教学的理论基础

（一）语篇分析理论

1. 语篇分析理论概述

语篇分析又称话语分析（Discourse Analysis），兴起于二十世纪六十年代中期，是一种从语青学、符号学、人类学、文体学、语用学等多个领域进行研究的交叉学科。

语篇分析理论是一种有效的话语分析方法，它有助于人们更好地了解话语的含义，并充分发挥其积极的积极影响。利用文本分析进行日语阅读，可以大大提高学生日语学习的主动性，使其能够自觉地建构话语语义和意向，进而提高其日语阅读水平。

在语言的研究中，可以从形式和语义两个方面进行研究。

“生成学派”的奠基者、美国语言学家乔姆斯基指出，语言不但要描写语法的构造，还要说明语言构造的原因。转化为语法所关注的是“命题意义”。转化生成的分析模型能够有助于我们更好地了解那些复杂的语句。这个分析可以证实，人天生拥有获取和了解一门外语的天赋，它的目标就是找到那些让语句组成符合文法的规律，并且把它们正式地表达出来。这个句型是在不受上下文和语境影响的情况下进行分析的。

在另一种分析中，我们使用语言来描述事物或事件，通过语言来推动事物的发展。语义与上下文紧密相连。上下文与语言形态是互相联系的。语篇是功能性语言学的一个重要课题。在功能语法中，纯理功能起着举足轻重的作用。韩礼德认为，“纯理”功能包括语篇功能、人际功能和概念功能三个方面。“语篇作用”是指在运用言语的过程中，如何合理地整理和表达某一种信息与另一种信息的联系，以及它与说话人所在的交际环境的联系。

语篇的研究既注重文本的微观结构，如词汇、语法和句子结构的研究，还注重对核心概念、背景等的宏观结构的研究。这种分析方式不仅注重语言的形态，而且注重语用的作用，有助于使学生获得全面的话语资讯，从而促进其对问题的理解与剖析。

2. 语篇分析理论在日语阅读教学中的应用

日语阅读课要注重语篇的传授，加强学生对语篇的分析、推理、归纳、总结等方面的认识，以促进学生在日语中的运用。尤其是在日语教师的阅读课上，应注意以下问题。

（1）指导学生理解篇章的结构，并使学生认识到所要表达的内容。

在日语学习中，词汇的意义和句法的正确理解是最基本的。要理解这一文章，就必须掌握语篇的结构。在阅读中，要注重对文章题目和文章的辨析能力的训练。主题是作家的一个很好的表达方式，把握好它就能把握好它的主旨。对题目的归纳和精练成为文章的主题。文章的核心是主题与中心思想。

（2）重视语篇知识教学，有效激活文章的形式图式。

在阅读过程中，良好的形式图式在理解和记忆中起到了很大的作用。在阅读教学中，形式图式体现为“语篇知识传授”。在具体的教学中，要让学生找到一篇文章的语篇标志、立论句、段落主题句，并对其进行层次结构的分析，这是语篇知识教学的重要内容。

（3）加强对语篇的衔接和连贯分析，帮助学习者掌握语篇的衔接规律。

衔接是篇章的基本要素。在结构上，运用照应、替代、省略等多种语法手段，如重复等，都能体现出连贯性。篇章与句子的关系有并列关系、顺序关系、递进关系、转折关系、解释关系、因果关系等。这些联系都是由不同的衔接方式构成的，而这些衔接方式大多是由连接词来实现的。

语篇中的连贯是指篇章中的语义联系，通常由逻辑推理完成。要做到语篇的连贯性，不仅要依赖于衔接，还要考虑到所处的特定情境，要了解语篇中的“言外之意”，有时候，文章的连贯性也依赖于读者与作者共同的知识，甚至是读者的联想。

文章的衔接与连贯是为了使学生更好地把握句子与语篇的关系。在阅读教学中，教师要注重对学生进行语篇的衔接，使他们能够将所学知识与上下文知识相结合，运用判断推理等阅读技巧，从而更好地把握文章的写作目的和文体。

（4）帮助学习者了解阅读推理过程，提高他们的逻辑思维能力。

推理就是将已知的信息与已有的知识、经验相结合，通过对未知的信息进行分析、判断，从而得到结果。因此，对阅读推理的认识，有助于获取词义，领会其含义，领会其用语，掌握其用词，以提高阅读理解能力。

逻辑推理能力对学生的阅读理解有很大的影响。阅读时，逻辑推理能力越强，对文章的理解能力也就越强。

（二）元认知理论

1. 元认知的内涵与结构

在元认知的界定上，我们必须从元认知的创始人美国弗拉威尔（Flavell）开始谈起。弗拉威尔于1976年将元认知理论引入到元记忆研究中。他把元认知的概念界定为：人对于自身的认识过程、结果或其它有关事物的认识，并以此为基础，通过对认知客体的积极监控、持续地调控与协调。元认知是指认知主体对认知现象的认知，即认知主体对其认知行为的认知，以及对其所处的心理状态的认知。元认知是“关于认知的认识”，是人类认知活动的中心环节，对人类的认知行为起着举足轻重的作用。

元认知分为元认知知识、元认知体验、元认知监控三大类。元认知知识是指个人的知识、任务知识和战略知识构成的一种知识。认知主体的知识是认知处理主体与他人的全部知识的总和，包含了个体与个体之间的认识差异，以及不同个体之间的相似之处。任务知识是对认知活动的内容、目的和要求的认识，是对其性质、结构特征、熟悉程度的认识。策略知识是指认知主体在认知活动中所使用的策略，包括认知策略的需求、认知策略的使用条件、策略的有效性等。战略知识可以分为说明性知识、程序性知识和有条件知识。元认知经验是指人们在进行认知活动时，会产生的一种认知和情绪体验，比如，在阅读时，读者会感觉到自己对某个内容的理解或者不能完全理解。元认知监测是指个体在进行认知活动时，以自身的认知行为为自觉的客体，主动、自觉地监视、控制和调节。

元认知知识、元认知体验和元认知监测是不同的且密切联系的。元认知知识是元认知监测的重要组成部分，是元认知经验生成和元认知监测的基础。元认知经验可以使元认知认识得到纠正，并能有效地控制和调节元认知。元认知经验在学生的认知活动中起着举足轻重的作用。积极的元认知经验可以激发人类的潜能，激发人类的认知激情，从而促进人类的认知过程。元认知监测能够促进新的元认知经验，从而使现有的元认知知识更加丰富。

2. 日语阅读需要元认知

阅读是从文字中获得特定的信息。这一过程涉及到词汇识别、句子理解、语义建构等一系列认知活动。阅读是一种特殊的认知活动，即阅读者运用现有的知识，主动地预测和解读文本所传达的信息。本节认为，阅读理解的内在因素包括阅读能力、目的、动机等，以及文章结构、背景知识等。为了更好地进行阅读，读者需要主动地监督自己的阅读过程，并采取相应的对策。

阅读中的元认知活动主要有：建立阅读目标；根据目标调整阅读速度和策略；纠正错误理解；评估阅读材料；评估阅读理解水平。因此，要提高学生的日语学习能力，必须依靠学生的元认知能力。为了提高阅读理解水平，成为一名优秀的阅读爱好者，我们需要对自己的阅读行为进行有效的监督。

3. 日语阅读教学中如何提高学生元认知能力

（1）提高教师的元认知水平。

日语教师要了解和掌握元认知的概念、内涵、成分等方面的元认知和元认知策略。同时，日语教师也应该根据自身的实际情况进行元认知调查，并在实际应用中体会到了元认知策略的应用。教师“会学”是“会教”的前提，而要使学生的元认知能力得到有效的发展，就需要教师自身的元认知水平的提升。教师只有具备了一定的元认知能力，才能对教什么、怎样教做到心中有数。

（2）引导学生掌握元认知知识。

元认知的学习与其元认知的实际监测是密切相关的。大部分学生可以在大量的阅读中完成对自己、任务和策略的理解。教师可以在课堂上有意识地进行元认知知识的传授与监督，使其能够自觉地将元认知知识应用于实际的阅读监测，从而提高日语的阅读能力。

（3）创设元认知教学环境。

兴趣是最好的老师。日语阅读课应充分调动学生的学习动机，培养学生的学习动机和学习策略。在元认知策略的运用上，积极地运用元认知从而创造一个良好的教学氛围。

日语阅读元认知的研究，既有较高的理论价值，又有很大的实用价值，值得我们进一步探讨。日语和汉语和英语属于不同语族，因此，汉语阅读和英语阅读的元认知的结果并不一定适合日语阅读。目前，我国日语专业学生的整体阅读元认知水平如何，以及如何培养日语学习者的元认知监测能力，是目前亟需研究的课题。元认知在日语阅读中的应用是未来日语阅读教学中的一个重要和热门话题。

二、日语阅读的目的与过程

阅读是一种从书面语言中获得意义的心理过程，阅读既要了解文字的表面构造，又要掌握词语和句子的语言知识，还要了解其深层的结构转换、处理、联想、预测和推理信息。

（一）阅读的目的

阅读目的是指读者希望通过阅读而达到的目标。通常情况下，人们认为阅读目的一般分为：查找特定信息与中心思想，学习文本，整合信息、写作（寻找写作所需要的信息）与批判文本，总体理解四类。

1. 查找特定信息与中心思想

阅读以查找特定信息为目的通常被称为查读，其目的主要是指了解和把握读者所需要的内容或关键信息。而略读时要求读者有意识地去培养对文本的整体把握能力，采用观其大略的方法，略去次要或无关信息，把握文本的本质特征，获取主要思想，提高阅读效率。在阅读散文文本时，有时会减缓阅读速度去处理一两个句子的意义以便寻找可能表明正确的页面、部分或章节的线索。同样，略读强调对采样文本的总体理解，是一种很多阅读任务中常见的、有用的技能。本质上，它涉及为定位文本中与中心思想有关的主要信息的位置而使用的各种策略以及最基本的阅读技巧，直至形成中心思想。

2. 学习文本

通常来说，文字是语言表达形式，也是一种语言的表现形式（口头和书面）。语符学派（哥本哈根学派）的创立者叶姆斯列（Hjelmslev）对“文本”的看法属于宽泛的范畴，他主张所有的语言学资料，不论长短、新旧，不论是口头的、书写的，都可组成一种可分析和分类的文本。这样的文本定义，与秦秀白所说的：“任何由书写固定下来的任何语”相比较，要宽广的多。

3. 整合信息、写作与批判文本

在阅读中整合信息时，读者对于一些相对重要、互补、相互支持或相互矛盾的信息需要额外的判断，甚至可能重组一个修辞框架以适应来自复合源的信息。这些技巧不可避免地需要对所阅读的信息进行临界评定，以便读者可以决定整合什么样的信息以及如何整合以达到阅读目标。阅读、写作和批判文本可能是阅读中整合信息任务的变异体。阅读、写作和批判文本需要读者具有从文本中选择、建构和评论信息的能力。二者都代表在普通学术阅读任务中整合信息所需要的阅读能力。

4. 总体理解

当读者熟练并流利地去完成文本的总体理解时，需要快速对文字进行自动处理，需要很强的形成中心思想总体意义的表达技巧，需要在有限的时间内有效协调许多处理过程。流利的读者往往对于这些能力不以为然，因为这些能力通常自发地显现并运行。如果我们是流利的读者，自然不需要刻意思考就能够自发地使用这些能力。

然而，在日语环境中，在有限时间内、在阅读较长文本时，学生要成为流利阅读者的困难揭示了总体理解的复杂性。

文本的总体理解需要读者首先能够对文本进行流利的阅读，而流利的阅读又需要快速对文字进行自动处理，需要很强的形成总体理解的一般意义表达的技巧，需要在有限的时间内有效协调许多处理过程。为实现这些处理过程，读者又必须掌握一定的阅读技能和阅读策略。

（二）阅读的过程

阅读的过程一般可以理解为 3 个层次上的理性或情感上的活动：获取信息、处理信息与创建信息。

1. 获取信息

阅读信息是指读者透过文字的形式，接收到由传统或现代资讯媒介所传达的讯息，是阅读理解的最表面的行为，也是资讯加工与创作的基础与先决条件。就重要的含义而言，普通的阅读是对原文内容的正确解读。

2. 处理信息

所谓“信息处理”就是指在接收到的文字资料后，对有用的资讯进行筛选和吸收，就是与所获取的知识进行正面的交互作用。

3. 创建信息

信息是指在信息获取和处理的过程中，通过处理而产生的特殊的含义和价值。除了获取信息和处理信息两个过程外，创建信息更能代表我们所说的阅读理解。作为优秀的读者，需要对文本可能的意义形成一个总结模型，同样需要建构一个对于如何理解文本意义的更详尽的诠释。

三、日语阅读教学的目标和内容

（一）日语阅读教学目标

可将日语阅读目标分成三个层次，具体要求如下。

一般要求：

（1）能够大致理解日文内容，达到 200 字/分钟的阅读速率。

（2）当你能快速地读一些长而不那么困难的资料时，你的阅读速率可以高达 250 字/分钟。

（3）能够快速浏览并查找所需的阅读资料。

（4）能够用字典来读懂日语教科书和日文报纸上的专题报道，了解核心要点，和相关的具体情况。

（5）能够读懂日常工作生活中常用的实用语种。

（6）能够运用高效的读书方式进行读书。

较高要求：

（1）能够在日语国家通俗报刊和期刊中，以250字/分钟的阅读速率进行阅读。

（2）当你能迅速地读一些长而有难度的资料时，你的阅读速率可以高达300字/分钟。

（3）能够读懂所学习领域的综合资料，能够准确把握要点，掌握关键的内容和相关的具体内容。

更高要求：

（1）能够阅读有一定困难的文章，了解其要点和重点。

（2）能够在日语报刊和期刊上读懂外国的文章。

（3）能够较为流畅地读懂所学习的日语文件及材料。

（二）日语阅读教学内容

日语阅读教学通常包含以下几个方面的内容。

（1）辨认单词。

（2）猜测陌生词语。

（3）理解句子之间的关系。

（4）理解句子及言语的交际意义。

（5）辨认语篇指示词语。

（6）通过衔接词理解文字各部分之间的意义关系。

（7）从文章细节中理解主题。

（8）将信息图表化。

（9）确定文章语篇的主要观点或主要信息。

（10）对文章的要点进行概括。

（11）训练学生的思维能力。

（12）发展学生的跳跃能力。

四、当前日语阅读教学的现状和问题

（一）日语阅读教学学时较少，学校办学条件有所限制

虽然目前日语已成了热门的外语学科，但在日语教学方面，除了硬件设备、师资力

量、师资力量、日语阅读等方面的投入都很少，与英语的普及、教育水平相去甚远，根本无法相提并论。由于缺乏教学条件和实际操作的经历，势必会降低日语的学习热情，根据统计，许多中等职业院校在日语教材使用上已经维持了数年的同一日语教材，而教材的内容却一直没有得到更新。当今社会资讯更新迅速，老旧的教科书不但无法适应新的形势，而且很可能会影响到日语的学习。而在日语课上，日语教师常常把重点放在了日语的发音和语法上，而忽略了日语的阅读。同时，由于日语的阅读能力较差，对日语教学的效果也有很大的影响。日语教学的好坏，对日语的掌握有很大的作用，如果没有足够的教学时间，那么，日语的教学效果就会很差。目前高职院校的教学内容应与现实工作紧密结合的情况，既要加强学生的日语基本功，又要扩大学生课外日语知识，提高学生的口语表达技巧和实际问题的解题技巧，而这一切都离不开读者的广泛阅读和良好的阅读基础。

（二）人才培养质量与数量存在时效性矛盾，培养目标定位不明确

由于目前人才市场和社会对日语的需求量越来越大，不少年轻人都选择到日语培训班去学日语。日语教育大环境下，日语专业数量激增，日语人数增长速度过快，造成了师资储备不足，人才培养数量与培养水平的问题。根据日语技能水平测验的结果，以我们学校为例子，参加测验的学生的及格率还不到40%。而大多数没有及格的同学则会在放假期间前往日语培训中心接受日语的补习，以补充学校的课程资源。另外，虽然日语教育耗费了不少的时间，一些院校、训练单位也只是重视对学员的日常训练和教育，但目前还没有一个较为完善的日语阅读教学体系，没有制定出一套科学、合理的教学计划，学生们所用的教科书和材料也是五花八门。由于没有明确的职业定位和培养对象，他们的专业人才还很难满足时代发展的需要，导致了日语教学的工作和发展方向都很模糊。

五、日语阅读教学的方法

（一）生态教学模式

1. 生态学教学

（1）生态学教学的基本定义。应用生态学的视角与理念对教育实践进行了引导。生态型教学是以一种生态学的视角来理解、解释复杂的教学问题，进而进行教学，以系统、整体、联系、和谐均衡的教学视角来剖析教学内容、教学方法、教学评价、课堂教学环境与教学结果的评价，构建起促进学生可持续发展、和谐和谐的教学方式。

（2）生态学教学的基本特征。

①注重学习者可持续发展。可持续发展指的是终身发展。教室体系是一个整体，也就

是使学生具备自身的可持续发展欲望和自身需求，确立了可持续发展的目的，并具备了可持续发展的能力和可持续发展的可持续性。在这方面，可持续发展强调终身学习，培养可持久的学习能力。

②注重教学内容的应用功能。日语生态化的教学应注重从实际出发，与人们的日常活动相结合，把日常的学习要素融入到课堂中，比如，每日看一份日语的订阅，用微信与外籍教师探讨文章中的句子，使用 APP 养成养成读书和交流的好习惯。这样有利于在实际的环境下，更好地了解日语的教学，从而提高学生的自豪感，减少对日语的畏惧心理，将其融入到日常生活之中。

③平等和谐教学相长的新型师生关系的建构。在中国的教育生态体系中，师生是其中的两大要素，二者之间存在互动关系，使师生在教学过程中始终保持相对独立、有序的状态，各自为政，各自找到主体、主导地位，承担相应的职责，这样的教学效果才能达到最佳。只有这样，才能实现师生的协调发展。

2. 日语阅读教学生态模式策略

（1）第一课堂环境的合理建构。

生态式的教育认识并激励每个人的固有品质，其生态体系是不同的，但一定要处于动态平衡、和谐发展的状态。要提高学生的可持续发展学习的意识，不能简单地用“灌输”的方式来进行，而要从激发学生的求知欲、激发学校的主动性入手。首先，如何正确地构建教室的软硬件环境是一个很有意义的问题。教学中的多媒体教学还需合理安排，比如不能把教学内容和教学板书结合起来。其次要适当地限制班内的大小，因为班上的人太多，师生之间的距离加大，导致了不能很好地表现出对日语的理解。通过角色扮演、游戏等形式来进行教学，使教师与学生、学生与学生的交互，激发了学习日语的主动性，使其在日语的阅读中，可以尽情的说出自己的想法，从而激发了日语的阅读热情。

（2）教师教学主体的转变、教材的合理选编。

在生态教育中，教师要积极参与相关的教育训练，以顺应时代潮流，适时地构建自己的知识架构。要将自己视为整体教育的一部分。要树立教育生态观，认清自身的生态作用。

在生态化的教育模式下，还应重视对教科书的选择。许多日语教科书都过时了，无法适应当前的时代环境。教师要具有远见、宏观的观察力和积极的能量。指导学生以心阅读。透过不同的篇章，培养学生奉献精神、爱国主义精神和团队精神等优秀素质，以克服学习实用主义的负面效应。在选用具有前瞻性、时效性和吸引力的适当的教科书之外，还应灵活运用创造性的教科书。同时，也可以利用已经被验证的优秀网上课堂教材，来作为日语的辅导书。

（3）习得者话语权建立，解除教师的“一言堂”话语霸权。

外语学习不仅是教育目的，更是传播手段。在课堂上，学生可以从老师的课堂中获得语言的知识和技巧，并在教室里获得语言的信息，从而获得感性的认知。在日语阅读课中，学生要回归到主导性的位置，使学生能够用日语自己去理解、领悟日语篇章，从而获取读书的乐趣。

日语阅读教学中的言语交互还可以从课堂上获得学习日语的认知，从而形成日语的语感。教师的课堂言语对学生的思维发展、语言世界观以及社会和文化的重新理解都有很大的作用。所以，日语教学中的老师的教学语应当具有贴近母语性、生活逻辑性、社会背景性、历史进程性等特点。在语言的选用上，要根据课本的具体情况适当地插入一些生态学式言语。

（4）课堂语言环境的建立采取“与线上结合”的形式。

日语的学习氛围是以日语为基础的。全球村已经成为一个日益壮大的潮流，无论是中国还是日本，都是这个家庭的成员，在一个以自己的母语为基础的国度里去读书的机会非常少，因此，互联网成为了一种很好的学习方法；这是获取原始资料的最好办法。辅具有电脑，电视录像，手机，卡带等，进行在线教学。日语的阅读课，老师可以根据教材选取与教材有关的时事视频、有声图片、网络新闻、历史资料等，通过多媒体的反复播放，让学生同时感受视觉、听觉，生动形象，使课堂氛围得以渲染，也使阅读深度得到拓展。

（5）建立积极的生态式评价机制。

日语阅读的传统评估体系仍是以学生为评估对象，而忽略了对自身的评估需求，只注重对学生自身的评估，缺乏对日语学习的兴趣。在生态学的教育中，没有将其作为一个主要因素。要使同学们在学习过程中，在阅读技巧上与教学方式上取得协调。重点在于，透过日语的学习，不但可以强化和整合日语的知识，而且可以透过相似的篇章学习，获得特定问题的解答，从而实现学习者的价值观和学习的兴趣。

本节从生态学角度对日语阅读教学的一些不平衡进行了分析，并对其与常规的学习方式进行了比较，并进行了一些尝试性的探索、实证分析，结果表明，从多角度、宏观的进行了日语阅读的生态教学，效果明显，得到了广大日语学习者的认同。在未来的发展中，我们也将致力于对日语学习的一个特定层面进行深入的探究。

（二）翻转课堂应用于日语阅读教学

近年来，翻转课堂在国内越来越受欢迎，很多学校都将其引进到了公共选修课中。这是因为翻转课堂有别于传统的教学方式，它把学习的主动权还给了学生，而这种与现代碎片化的视频观看方式更能引起学生的学习兴趣。

1. 翻转课堂的由来及特点

2006 年，数学之父萨尔曼・汗以在网上发布了一篇短短的 10 分钟短片，用来说明最少的公倍数。在美国，超过 20，000 所学校利用萨尔曼・汗的教学录像来教授数学，而老师则负责解答问题。萨尔曼・汗的第一部数学教学录像，可以说是"翻身教室"的雏形。2007 年，林地公园高中两名化学老师创造性地采用了让学生在家里看录像、听老师讲授、老师负责解答问题的教学方式。在信息技术飞速发展的今天，这种"翻转课堂"的教学方式也随之兴起。"翻转课堂"是英文"Inverted Classroom"，正如其名称所示，是将传统教室中的教学方式颠倒过来的。在传统的课堂教学中，老师讲授的是理论，而在课后，学生则会通过实践来消化。而翻课是指在课前由老师分享的视频等相关材料进行自主学习，老师会安排同学们就有关的重点问题进行讨论，并回答学生的问题。这种方法既可以增强学生的学习积极性，又可以在课堂上进行交流，加深对知识的认识。

2. 运用翻转课堂

在日语阅读教学中，翻转课堂的作用在于解决传统课堂教学中的一些问题，充分调动学生的积极性，克服差异化，从而使学生的日语阅读能力得到明显提高。本节提出了采用翻转教学法的方法。

（1）引入任务型教学，确保学生完成课前阅读。

在教学中，学习者的阅读水平普遍较低。要想有效地提高学生的阅读能力，就必须在课堂上进行有针对性的安排，使每个任务都能反映出教学的重点，使其更加清楚地认识到自己的学习目的和学习的具体内容。在课堂上，利用 PPT 演示来检查作业的进度，保证学生在课堂上完成之前的学习和理解。

（2）开展个性化课堂教学。

在课堂上，老师不仅要对学生的作业进行检查，还要根据课文的具体内容，设计出一些个性化的教学环节。在解答问题的过程中要注重指导而非直接解答，为问题的解答提供了一个参照，并能帮助同学们进行探讨和引导。这样既可以使同学们更好地了解自己的任务，又可以使他们在与同学们的沟通中，更好地提升他们的日语整体能力。

（3）进行跟踪巩同。

在完成任务后，同学们对文章有一个大致的认知，并能有自己的理解，但也不可避免地会有一些疏漏或失误。老师们要注意到学生在班上出现的失误和疏忽，要及时提出并加以弥补，并对其工作的进度和有待提高的问题进行评估。下课后要对课堂上遇到的问题及难点进行认真的归纳，并将其整理微信群语音教学，或是在课后录像中进行追踪和强化。通过微信群和 QQ 群的在线交流，可以巩固强化学习。

3. 运用翻转课堂需要注意的问题

（1）教学视频要短且精，

翻转课堂的录像，往往都是短短的几分钟十几分钟，而且是有很大的针对性。在制作录像的过程中，老师要清楚地认识到，与一般的录像有很大的区别，要在短时间内把内容讲清楚。同时也要注重教学录像的趣味性，以满足当前的学生的阅读需求。

（2）统筹兼顾全体学生。

翻转课堂的教学方式可以有效地克服学生的学习能力的差异性，但其学习过程中因其对日语的理解力、语言表达等因素的影响，使其在课堂上的完成程度呈现出明显的差别。所以，在教学中，老师要统筹考虑所有的同学，指导他们进行深度探究，中等水平的同学把握文章的中心思想，而较差的同学则能够把握好主题。

（3）合理地进行拓展阅读。

根据任务完成、课时安排、课后话题等情况，进行适当的扩展，使学生不能仅限于教材，与当前时事政治和社会热点接轨。同时，扩大阅读还能扩大学生的日语阅读范围，提高他们的整体能力。

第五节　日语写作教学

一、日语写作教学研究

（一）日语写作教学的特殊性

四项基础能力中，写与听、说、读是不同的。把写当成是一项技能，仅仅作为一种考试或技术训练，就是暴殄天物。书写是较深层次的综合研究。它与其它三种基本能力，目标与方法是不同的。

第一，从语言习得的角度来看，写作能力具有特殊性。阅读和写作都和书面语相关，都不能通过语言习得的过程自然获得，需要经过专门的教育与学习。而在读写之间，写作能力的培养则更加具有难度。写和说都属于产出型的技能，但是两者之间也不能对等，会用日语说不一定就会写，因为写作并非简单地将我们说的话落在纸上，学生写作能力的提高不能通过其他语言能力的提高而自然而然地获得。

第二，从语言神经生理基础来看，写作也有别于其他的语言技能。因为脑部的神经元结构与作用各异，所以，视觉、听觉、书写三个区域分别位于大脑皮层，许多试验表明，听，说，读，写这些语言的行为在同样的情况下对人的大脑起到了很大的影响。因此，写作的教学需要有其特殊的表现方式。

第三，从写作的过程来看，写作具有自身的特点。在语言的四项技能之中，说和写属于产出型技能，而听和读则属于接受型技能。因此，写作主要是一个自觉的过程，并不要求自动化。另外，写作只能借助文字和符号来表达思想，没有面部表情、手势、身体动作以及语音方面的辅助，也没有即时的反馈。因此，写作要求用词准确考究，句子结构规范、严谨，段落发展符合逻辑，谋篇布局得当。但是，写作的好处在于作者有较多的时间思考，有时间修改。

第四，从心理机制、教学目的、教学内容、教学结构等方面，写作教学应该与其它技能教学相区别。加涅曾经将学习分成八大类：信号学习、刺激反应学习、链式学习、语言关联学习、区分学习、概念学习、原理学习和问题解决学习。而写作是属于概念、原理、解决问题的学习，属于较高层次的学习，其教学方式当然不能采用初学者的讯息学习或刺激反应的学习方式。

（二）日语写作的过程研究

写作过程的研究分为表达主义和认知主义两个流派。

表达主义者把写作视为与写作结果同样重要的发现真正自我的创造性活动，因此写作教学应该个性化，教学活动要帮助学生发现自我，真正地表达自己的内心情感与思想。学生要多进行记日记和个人自主写作的活动，以便能够自由地写作，并写下尽可能多的文字。由此我们可以看出，表达主义者更加重视表达的流利性。

认知主义者则把写作视为解决问题的过程，这一思想对于第二语言和外语教学中的写作教学产生了更大的影响。与表达主义一样，认知主义也把写作视为迂回的、个性化的、由内在心理活动引导的过程，但是，认知主义更加重视高级思维和解决问题的过程，这些过程包括计划、确定修辞问题、在一个更大的范围内提出问题、解释定义、提出解决方案以及产生令人信服的结论等。根据认知主义的思想，过程教学法重在开发学生内在的心理过程，尤其是写作过程中的认知与元认知策略，其教学包括创造和写前准备、撰写草稿、修改、合作写作、反馈、反馈后的修改和定稿等阶段。认知主义认为，从本质上讲，写作是学生自己学会的，而不是教会的。因此，教师在写作教学中应该尽量减少对学生的干预，而是要创造、提供一种鼓励、合作的环境，以帮助学生表达他们自己的意思。

写作是一个作者与读者之间的交际过程，其中涉及信息的产生、处理和传递，是一个复杂的感知过程。作者作为写作的主体，他首先要利用个人的社会经历及以往的知识、经验，还要考虑写作的目的，据此做出正确的判断。因此，写作教学不应只注重写作过程中狭义的写作那一部分，还要注意作者因素、写作前准备活动、读者因素和信息反馈。

写作是发掘自己思想、让其更加清晰、准确、深入的过程。写作是持续清晰地表达自己的观点，让读者信服的过程。为此，作者要具备大量材料，对材料进行比较、分析、综合、抽象和概括。它还是一种同化的适应过程，将新的知识与作者已有的知识结构相结合，或者扩大、重组原有的知识结构，使之能够容纳新知识。在这种情况下，写作不仅仅是把头脑中的想法当作素材，而且还能帮助你的头脑思考。写作是一个由散乱到集中、由模糊到清晰、由浅到深的逐步过程。

写作是由思维转变为语言的过程。要想把表达的意思转化为语言，转化为可视化的符号，除了要充分利用所掌握的语法和词汇知识外，还要掌握文体、修辞、谋篇布局的技能，还要掌握一定的社会和文化知识。在语言交流中，必须考虑可能性、可能性、得体性、产生等因素。这意味着，不仅要有正确的文法，还要考虑生动、得体、富有感染力和习惯。

二、大学日语写作教学的内容

（一）结构

1. 谋篇布局

谋篇布局是作文的关键，文章的结构是文章的基本要素，因此，要使学生理解不同题材的文章的编排，并根据自己的写作目标，选择合适的拓展方式。但谋篇布局并不是一成不变的，而是根据题材和体裁的不同而不同。在不同的文章中，主题句、扩展句及结论句的作用是不尽相同的。

2. 完整统一

一篇文章的整体性是指所有的细节都围绕着一个主题，所有的信息都要与主题相关，与内容切题。所有偏离主题的句子都要删除，同时保持文章段落的完整性。

3. 和谐连贯

是否和谐连贯是判断一篇文章好坏的标准之一，因此在写作的过程中必须注重文章的连贯性和逻辑性，保证句子与句子之间紧密相连，内容之间衔接流畅，段落与段落之间环环相扣，使整篇文章流畅和谐：

保证文章流畅、段落紧密、句子严谨的一种有效方法就是使用恰当的起连接作用的词或词组，这些词和词组的使用可以使行文流畅，并引导读者随着作者的思路去思考问题。此外，过渡语的使用也可以起到增强文章连贯性的作用，但在写的过程中，要注意过渡语既不能不用，也不能滥用。

（二）句式

日语中句式的种类繁多，常见的句式有强调、倒装、省略等，并且每一种句式的变形又是多种多样的。在写作教学中，教师可采用“示范”和“讨论”的方式，让学生进行练习，增强学生对句式的认知，引导学生掌握正确的表达方式。

（三）选词

词语的选择也是日语写作教学的重要内容。选词与个人爱好和兴趣有关，它体现着一个人的写作风格，是作者与读者之间交流的方式之一？词的选择要考虑语域的因素，如褒义词与贬义词的选择，正式词与非正式词的选择，具体词与概括词的选择，形象词的选择以及拟声词的选择等。此外，词的选择要考虑对象和角色等因素。

（四）拼写与符号

拼写与符号主要涉及学生的基础知识，包括单词的拼写和标点符号的正确与否。这些虽是一些细节问题，但仍对写作有着重要的影响，因此构成了日语写作教学的重要内容之一。因此，在设计写作教学方式和内容时应将拼写和符号这些因素考虑进去，以增强写作教学的策略性和有效性。

三、日语写作教学的方法

（一）交互式教学法

1. 交互式教学模式的特征

（1）以学生的兴趣导向、行为能力为教学活动核心目标。

学生对学习的热情是学习动机、解决问题、实现目标的有效途径。交互式教学的主体和所要解答的问题符合了学习者的利益，是确保交互学习成功的先决条件。交互式教学将课堂内容分为问题、模型、解决、应用、训练五大环节，并在老师的指导下，以交互方式进行。老师的作用主要是引导学生，帮助学生，并及时的进行归纳。教师和学生都要仔细收集有关的学习材料，制定相应的学习计划和策略，充分发挥学习的作用，使学生在学习的同时，也能够掌握相应的知识和技能。

（2）教学内容设置的情景化、实用性。

交互教学的情景由教师和学生一起创造，可以在真实的环境中进行，但交互的环境通常要满足以下两个条件：一、能调动同学的学习兴趣，让他们愿意去做，二、能帮助他们克服问题。教学内容与现实紧密结合，新老的知识不应该相差过大，有利于新老的衔接。同时，也会让他们在现实中积累更多的知识和技能。

（3）学习过程的自主性、协作性。

交互教学法强调学生的主体性和自主意识。在教学活动中，老师扮演着指导和引导作用，要将学习主体的作用还于学生，让他们能够充分地调动自己的积极性，培养自己的自觉性和主动学习。与普通的课堂教学相比，交互式的课堂教学更注重团队协作，让同学们按照自己的兴趣来制定自己的学习计划。通过思考、讨论、沟通，发现问题并加以解答，使学生在学习中不再只是复制或记住，而更多的是在建构和运用。

2. 交互式教学法在日语写作课中的实施环节

（1）目标内容设计环节。

教学目的是教育活动的起点和终点，它直接关系到教育的全进程。交互教育的理念是：教育不仅要注重学生的知识水平，还要注重交际。把交互教学运用于日语写作课，旨在营造良好的协作、沟通氛围，老师以团队协作的方式，使同学们主动地参加课堂，注重异质性伙伴的影响，使他们充分展开讨论、大胆发表见解，努力做到让学生在综合运用知识的掌握和合作学习中实现个人能力的全面发展。这就需要在教学中对课本进行深度的学习，从而确定新的概念，并对问题进行细致的规划。作文题目的设置必须是公开的；作文题目难度要适度，具有一定的梯度和层次感，可以引起学生对作文的浓厚兴趣。

（2）写作前的热身准备及导入工作。

首先是教学内容的引入，老师可以通过教学中的各种教学素材，与此次日语作文教学相关的主题及教学目标进行讲解。在主题简介结束之后，老师将接下来要做的任务做一个简短的阐述；在此基础上，要求同学们进行一些口语训练，以使他们能够熟练掌握所需的知识。根据教学内容的差异，提出了一些日语教学的教学方法，例如："类教学法""范文讨论法"等。在这一阶段，老师要根据实际情况，选取适合的写作主题，以适应学生的能力和现实的需要。

（3）课堂内容设计环节。

交互教学注重教师在课堂活动中的作用的进一步区分，起到引导和督促作用，使课堂上的一切都围绕着"学"进行。一方面，要把学生作为知识的需求者和知识的建构者，尽量给他们展示自己的空间；同时，提倡在教学中适当缩短讲课的时长，为学生提供更多的时间，鼓励学生通过讨论、思考和交流等方式找到问题。在写作时，老师要根据具体的教学方式，进行灵活的选择，从简单到复杂的书写方式。针对各种类型的作文，借助各种多媒体素材，运用PPT进行范文的演示，并对其中所涉及到的日语句型、重点词汇、优美段落、范例等进行了详细的阐述，以期培养学习者运用日语时所运用的灵活性。

3. 交互式教学在日语写作教学中实施的注意事项

（1）教师的角色和作用。

在日语写作课中运用交互教学，老师要发挥引导和监督者的作用，让学习者从依赖向自主的转变。在教学中，教师要培养学生的写作学习动机，培养他们写作自觉，运用各种教学策略和模式，激发学生的写作的积极性和主动性。

具体来说，可以通过对学生写作需要进行调研，对学生写作需要进行分析，根据教材内容、教学目标、写作能力等方面对学生进行针对性教学，使学生能够主动地进行思维、寻找答案，从而使学生对日语写作产生浓厚的兴趣。通过这种方式，在老师的指导下，通过自己的思考，获得新的信息，一定会产生对作文的浓厚的兴趣，从而提高对学习的渴望。在教学中，老师要注重细节的把握，要掌握好的语速，使有限的教学时间更加科学和合理。

（2）学生的评价过程。

在交互教学中，教师要不断地对学生进行评估，并对其成绩和学业状况进行评估。通过建立课程评估的程序，建立课程评估准则，确定学生在完成学业时，是否能够掌握所要求的知识和技巧，并将其运用到实际操作中；问题的识别和团队合作的技能有没有提高；是否有一个清晰的项目完工进度表，根据完成结果给予优秀、优秀、中等、合格和较低级别评定。

要实现较好的教学效果，评价应贯穿于教学活动的全流程，根据已完成的教学任务，采取自评与他评、个人与小组评的多种评价方式，以多种评价标准来评价不同的同学，显示出相当的灵活性。教师对学生日语学习成效的评估主要有：课堂学习成绩、小测试成绩、完成老师安排的合作学习、第二课堂教学中的创造性表现等。同时，由于考试体制的改变，使教师的教学方式、学生学习方式发生了改变，从而提高了学生的实际操作水平。

（二）过程教学法

写作的过程教学法开始于20世纪60年代美国的第一语言教学，在认识论、信息论、控制论等多种语言理论与教学方法的作用下，产生了一种新的写作教学方式。在教学法专家们的不断探索和实践中，尤其在美国写作学会的推动下，这种教学法曾经是最具影响力的一种教学方式。实践证明，这种方法是行得通的。

二十世纪八十年代以来，第二语言教学的研究者们把“过程法”运用到了第二语言写作教学中，从理论上讲，过程教学法注重学生的思维能力，注重学生的主体性。但在实践中，由于其偏重语法、修辞、机械模仿等方面，注重实际交际和智力的培养，强调学生的协作精神。

过程教学最显著的特点是重视学生的思考能力和主动性。行为主义心理学把所有的学习活动都看作是刺激、反应和强化的过程，所以，基于这种理论的听说教学尤其重视机械训练。这一点体现在写作时，即重视对文本的语言成分、结构形式的分析与模仿，而忽略了作者的思想和实际的交流。在认知理论的作用下，过程教学将写作看作是一个认识、适应和同化的认知过程，因此，它要求学生独立思考，收集材料，组织材料，将材料内化，发现规律，掌握原理。通过这种方式，使学生能充分发挥自己的语言能力，创作出优秀的作品。

在认知理论的基础上，交际教学法对过程教学也有一定的促进作用。它使写作教学从单一的语言知识扩展到语义、文体、语域乃至社会文化。在日语教学中，写作不仅要提高语言表达的能力，而且要训练学生对社交场景、读者心理、沟通目标、效果等进行分析。同时，过程教学又强调了写作的基本任务是交际，培养学生的交际能力，因此，在教学过程中应尽量做到生动、情景化，以创造适当的、自然的交际情境。

过程教学法可以分为以下七个步骤。

1. 输入阶段

在输入阶段，包含了各种思维活动：自由联想，列提纲，阅读，聆听，调查报告等。自由联想指的是让学生在写作之前尽量多地获取材料，这是一种非常有效的思维方式。在自由联想的基础上，老师可以让学生用口语表达或者写出与所要表达的内容有关的思想和观点。

在这一阶段，学生不再需要拘泥于观点或文法的正误、修辞的得体、文章的组织结构等方面的问题，尽量用词语、短语或句子的形式将相关的想法和观点写下来，并加以权衡。阅读资料可为各类有关题材的图书及本地报纸，让学生边读边记下自己的想法和经验，使其成为反应灵敏、积极主动的读者。安排同学去听课，听录音，做好笔记，以便日后学习。调查报告是为了拓展信息源，让学生通过访谈非同学的方式。通过这种活动，同学们可以用不同的方式来收集材料，并进行构思。

2. 写初稿

写作初稿是进一步整理思路，确定写作内容的一个步骤。在完成前期的认真准备和构思之后，就可以开始撰写初稿了。这个阶段需要同学们用文字来表达他们的想法，让他们对自己的读者非常了解，从而掌握他们的写作方向。教师要对整个教学过程进行全程监督，适时与同学交流、组织讨论、提出问题、协助学生形成思想、适时反馈，使学生把学习的重心放在内容的表达上，而不用过多地去思考句了的正确与否、用词是否恰当等。另外，老师要让学生了解写初稿是一种不断构思、修改最后写出第一稿的过程。

3. 同学互评

将学生分成两到三个小组，要求他们对教师所给的问题进行评估。

4. 写二稿

二稿时，同学们的反馈信息是最重要的。同学们对第一篇文章提出了自己的看法，然后再仔细地检查，发现哪里有问题，需要改正。改变的方法多种多样，可以是个别的，也可以是团体或者是组队的。不论采取何种方法，都要注意：文章题目是否鲜明、充实、篇章结构合理、文风合理、句型是否正确、是否使用适当、是否存在语法上的问题、用语是否恰当、表述是否精确、是否与写作目标相符、开头和结尾是否合理、细节是否典型丰富、条理清晰、论证是否对、是否存在大小写、拼写等技术上的问题。

5. 教师批阅

老师的评语包含了对作文的描述，定义，一致性等因素的说明。老师们会搜集二次写作的初审，一般会看三次。第一次是通篇阅读，理解文章的主旨，有时候可以列个大纲；第二次，根据文章的具体情况，撰写评论，包括优点、问题和建议；第三次，请使用多种颜色的钢笔，指出存在的文法和用字，但不可使用红笔，否则会使学生产生误解，打击学习的热情。

6. 师生交流

老师与同学进行个别的沟通，让同学们把文章的主旨说出来，并根据老师的意见来解答。在解决了教材中的问题之后，针对学生的文法常见的错误进行了补丁，讲解了相关的语法规律，并进行了实践。

7. 定稿

同学们总结自己的想法，再做一些调整，就可以写出最后的成品了。让老师写好论文的草稿、提纲、初稿等，让老师对文章的整体内涵和可读程度进行评估，并提出与初稿相比的改善之处。

相对于结果，过程最显著的特点在于对学生主体的尊重。通过小组的学习，使同学们能够主动的参加和沟通，在老师的指导下完成初稿、二稿、定稿的修改，从而达到老师的监督和老师之间的充分沟通。教师是否组织学生进行分组研讨，如何对学生的写作进行回馈，直接关系到课堂教学的成败。

（三）口语训练法

1. 运用口语训练推动日语写作教学的前提

（1）日语写作教学改革的推动。

在日语教学中，“写”是不可或缺的基础知识，而“写”课程在大学日语系中也是一门必修课程。在日语写作的传统教学中，教师会对一种类型的语言进行理论上的解释，给出一些关键词、中心句和范例，让同学们按照这些词汇和句型来进行练习。这一新的教育方式不仅局限了学生的思考能力，还影响了他们的创造力、减少了他们的写作热情，让他们的课堂显得单调乏味。所以，对日语作文的教学进行改革是必要的。

（2）日语写作课程的改革的研究基础较好。

许多老师和专家对日语写作的改革进行了深入的探讨，并对其进行了较好的教育思想和方法。王际莘认为，口语化叙事是一种抵抗母语负向转移的干扰、培养日语思考能力的有力手段。王小伟建议用“分解”式的方法来指导同学们进行讨论，让他们先说句子，然后是段落，最后是作文。单瑜阳根据同学们经常犯的一些错误，采用了分段式的方法，通过图片的组合和修改，来刺激他们的想像力。王若楠认为，要转变思维方式，摆脱母语的桎梏，用日语思维来文章，必须深入理解日本的文化。

2. 口语训练在日语写作中的教学实践

本节采用不同的口语训练方法，对日语写作进行了有效的测试，并收到良好的效果。

（1）通过动漫台词丰富日语表达的多样性。

因为日本动画是很受同学欢迎的，所以透过动画中的对话和情景，可以让学生了解日语的用法和日本节语，讲得比较纯正的日语，进而提升日语的口语水平。另外，学生对动画中的人物和剧情也有自己的见解，并且他们会尝试着模仿自己喜爱的动画中的人物的口型和经典的话语，从而在不知不觉中将日语中的许多成语都背了下来。所以，我在一堂关于《灌篮高手》的教学中，以学生为中心，谈论他们所喜爱的人物，以及他们喜爱的理由。由于大部分的学生都看了这部动画，并且对主角的形象印象很深，所以大家可以自由地发表自己的观点，并主动地发表自己的观点。

（2）通过朗诵和即兴演讲提高日语表达的准确性。

日语文字中，常常会流露出一些日常的感受，有些则是日常生活中常见的笔记。所以，日语语言和日语的恰当运用，就要求学生多看多读日语中优美的文章。

（四）结果教学法

早期的日语写作教学理论主要来自经典的修辞学研究。直到 20 世纪 60 年代，日语写作教学的注意力一直集中在文学作品的理解与分析上面，其目的在于通过这些分析使学生掌握各种文体的特征和写作方法，从而能够模仿并写出自己的作品。这种写作教学方法被称为结果教学法。

结果教学法是中国日语教学中应用最广的一种，我国很多日语作文教学都采用了这一教学模式。

结果教学法一般把写作分为 4 个环节。

1. 熟悉范文

老师会挑选一段文章，对其中的修辞方式、结构方式进行剖析，并对其进行阐述。

2. 控制性练习

教师根据文章中所反映的有关常用句型，要求学生在老师的引导下逐步过渡到段落写作。

3. 指导性练习

通过模拟范例，运用练习的句型，来完成类似的作文。

4. 自由写作

让学生能够充分运用自己的能力，将其运用到实际写作中。结果法忽略了写作过程的复杂性，导致对学生在写作过程中所遭遇的问题理解不足，而学生的整个写作过程则完全由教师来掌控，不存在自我创造的余地。学生们只在乎成绩，他们的作文往往内容空洞无物，结构生搬硬套，表达平淡。

第六节　日语翻译教学

一、日语翻译的过程

日语的翻译可以分为三个阶段：理解、表达和校核。

（一）理解

充分理解是实现日语语言精确的必要条件，阅读和理解了解原语是实现语言转换的重要条件。要理解原文，就得从全局来理解，而不能一字一句地去理解，要做到字面意思、句法结构、逻辑关系、语言风格、修辞特征、个人风格、专业范围等等。日语汉译本应理解的原文为汉语，汉语作为我们母语，看似没什么问题，但实际操作中会出现很多人因为没有仔细地读懂原文或者理解上的失误而导致翻译上的歧义和歧义。

另外，一些文章还要求读者具有相当的常识和专业的知识；一些文章涉及特定的事物，历史背景，典故或专业词汇；有些文章或文学著作要求我们对原文的刊载状况有所认识，并对其思想和文体进行更深入的认识，从而更好地把握其真正意义。特别是在翻译技术性的文章时，要先做好案头准备，再借助词典、互联网、咨询专家等，把相关的资料整理出来。总结一下，在了解的过程中要注意下列问题。

（1）阅读文章，了解文章的主要内容和主旨。

（2）为了更好地了解原文的内容，需要了解上下文。

（3）再次阅读整篇文章，找出有疑问的句子和其他问题。

（4）通过参考或咨询他人，了解其中的句子和疑问，并找到合适的翻译方法。

（5）思考怎样才能更好地表现出原始作品的风貌。

（二）表达

所谓表达就是在日语中，仔细地选取最合适的词语，并将汉语的原文本的意思完整地传达给读者。对原作的准确、完整的了解为语言的表述打下了坚实的基础，而表述能够反应出人们的意思，但是，理解是对的，不代表一定能用合适的日语进行表述。另外，日语的表现形式也与其对原文本的认识程度、日语水平、以及某些翻译技术有关。

（三）核校

审核校对是对文本进行再一次验证和改进的一个程序。翻译是一件非常困难的事情，不可能一两次就完成。在翻译过程中，由于对原作的理解不全面、不深入、翻译有误译或不当等问题，这些都是原作的第一步。汉语与日语均采用汉字，因此在选择词语时会受到汉语的干扰，日语中存在大量汉字词语，而有的则与汉语不相符；一些在用后看起来像是文雅的，与普通的口头或普通的文章不相适应，因此，在校对和修订时，要特别留意选用与日语相关的词语和基础词语。

此外，因为翻译的是整篇文章，所以要注意文章的连贯性。日语文章中较多使用接续词来表达转承起接，汉语与日语相比较少，所以修改后的译文添加了一些接续词，使得上下文更加连贯。最后，一些有汉语腔的表达方式都被改为较为地道的日语表达方式。所以校对时，一定要抛开原文来分析日语译文，以求获得更加符合日语表达习惯的译文。

二、日语翻译教学的任务

前面提到过，在日常工作之外，大部分时候，译员都是一种专业的工作，通常是根据顾客的请求支付费用，以便让不懂源语者理解原文的内容。所以，我们上翻译课程目的，既要找出学生所面临的问题，又要向学生提供最佳的例子。翻译教学的关键是运用恰当的教学手段和教材，培养学生的基本素质，以满足读者的需要。汉译英的翻译能力主要有五个方面：双语能力、语言外能力、专业知识能力、翻译策略能力和数据查询能力。这五种技能都是英译汉译英必须具有的技能。

（一）双语能力和翻译策略能力

毫无疑问，在所有的翻译技能中，双语能力是最重要的。因此，如何在一定程度上促进学生日语水平的提升，同时也要借助一定的理论知识和技能来促进学生的日语水平。就日语来说，这可以分为两个部分：一是对日汉语的平行语篇进行模仿，如新闻、演讲、商务信函、说明书等，了解其书写格式、遣词造句、结构安排等，以此来提升其译语的写作水平；二是根据日汉语的不同，对其进行分析和训练，以便在理论与实际上进一步提升译语的水平。它也是一个提升其翻译战略的过程。翻译战略是指在进行翻译时，出现了一些问题，从而寻找出了最优的解法。日汉语翻译中存在着词语的处理、文化词语的翻译、特殊句式的翻译、动态的翻译、隐含信息的处理、语句的衔接等问题。根据上述题目，选取并进行适当的训练，以了解日汉语在不同的文化背景下所体现出来的不同之处，从而达到知己知彼、引经据典的目的，从而提升学生的翻译策略和双语水平。

（二）语言外能力

语言外能力包括三个方面：主题知识，百科知识，以及文化素养。如今的互联网社会，题目与百科全书的知识，基本上都可以透过网络搜寻，但要注重文化素养。在教学实践中，可以自觉地选取具有文化元素的日常生活素材，让学员了解到，翻译并非只是一种简单的语言转换，而是一种文化交际的独特方式。

（三）专业知识

翻译专业技能是翻译过程中所包含的有关理论和知识，如翻译目的、翻译过程、翻译质量评定准则和翻译理论等。选择合适的教材和教学方式，能让学生在实际操作中真正理解并主动运用到实际操作中去。

（四）查询能力

信息检索是一种非常关键的技能，尤其是对日语学习的人来说。与其它专业相比，外语系的学生具有很好的语言技能，但是他们所掌握的知识却很少。在翻译的过程中，应尽可能选择一些有针对性的、专业性较强的主题，培养其问卷调查的能力和习惯性。

三、日语翻译教学的内容

（一）翻译基础理论

学习翻译基础理论能够帮助学生从宏观上把握和决定组织译文的思路。组织译文的思路正确了，即使有一些小的错误，学生在改动起来也比较方便。如果思路不正确，整个译文就要推翻，重新组织。

（二）翻译技巧

翻译技术是指在基本相同的情况下，通过重述文本的表达视角来实现文本的流畅。常用的翻译技巧有调整语序、转换词性、正译与反译、增补与省略、主动与被动、句子语用功能的再现等。

（三）中日语言对比

中日两国的语言对比应从语义、词法、句法和文体篇章等方面进行比较，把握两者的差异，并从文化层面和思维层面进行对比，从而使翻译过程中能够完整、准确、恰当地传达出原作的内容。

（四）翻译实践

翻译实践实际上就是讲授如何更好地翻译，特别是如何在翻译理论的指导下进行翻译。因此，如何科学、合理地构筑翻译学的理论体系，并尽快将其运用到翻译教学中，也是翻译学研究的重要课题之一。

第四章　日语教学组织形式

第一节　日语教学组织形式概述

日语教学是有目的、有计划、有组织的活动，离不开一定的教学组织形式。日语教学组织形式既有一般学科教学组织形式的共性，又具有其作为独立学科开展教学的特点。

一、日语教学组织形式的概念

（一）日语教学组织形式的含义

日语教学组织形式是在日语教学活动中，教师和学生的共同活动在人员、程序、时空关系上的组合关系。概括而言，日语教学组织形式应该包含三个方面的含义。第一，它决定日语教师和学生都必须在特定情境中活动，学生在这一情境中完成日语教师为他们设计的学习任务。第二，日语教师和学生在日语教学过程中都必须按照一定的时间和空间组合形式进行活动，师生之间相互配合、相互作用。第三，在日语教学活动的相互作用中，包括了教学内容、教学方法、教学手段、教学程序在时间和空间上的集结或综合。

（二）日语教学组织形式的影响

在日语的实际教学中，日语的组织形式是一个切实而明确的立足点，带有综合和集结教师、学生、教材、教学方法、教学手段等因素的性质。教学组织形式问题如何解决以及解决得是否恰当，关系着整个日语教学活动的质量，对教学任务的完成、教学目标的实现具有重要的作用。

1. 提高课堂教学效率

正确地使用教学的组织形式可以促进日语教学的教学效果，并能将多种教学方法和手段应用到教学活动中去。要使教学的各种方式和手段合理、科学地运用于教学的组织形式，使教学活动的作用得以充分地体现出来。一般来说，教学组织形式的改进总是同教第学方法的改革乃至整个教学体系的改革融为一体的。在教学实践中，很难将教学组织形式同教学方法截然分开。教学组织形式和教学方法以及整个教学活动模式的这种紧密关系，决定了教学组织形式对教学活动效果的直接影响。纵观我国日语教学组织形式演变，每次变更都与外语教学方法的发展、教学活动模式的改革紧密相连。

2. 促进课堂教学活动的多样化

采用合理的教学组织形式，有利于促进教学活动的多样化，实现教学的个别化。长期以来，人们对于教学组织形式的探索以及种种尝试，主要是围绕如何使教学活动尽可能地适应每个学生个体的需要、兴趣、能力和发展潜力而展开的。日语作为中学外语教学的“小语种”“少数派”，选学日语的学生都有着较为特殊的情况：有的学生对日本节化比较感兴趣，有的学生希望去日本留学，还有不少学生因英语成绩不佳而选择日语。日语学生个体的情况可以说是千差万别的。日语教师要根据学生的不同情况，采取合理的教学组织形式，尽可能组织符合学生需要的多种多样的教学活动，从结果上来看也就是实现了因材施教。

3. 促进教学方法的改进、教学模式的创新

教学方法和教学模式的更新会推动教学组织形式的改变；反过来，教学组织形式改变之后，为了适应新的教学组织形式，为了充分发挥新教学组织形式的优势，教师会去重新审视自己的教学方法，去思考、摸索新的教学方法。这种摸索可能是对某一细小环节的改进，也可能是对教学各步骤关联性的调整，长期来看，甚至会成为整个教学模式创新发展的契机。例如，近年来我国日语教学中出现的小班制，就促使日语教师调整了大班教学背景下采用的“满堂灌”式的教学方法，开始寻找一些适合我国外语教育实际的教学方法。

二、日语教学组织形式的演变

教学组织形式不是一成不变的，一定的教学组织形式是一定社会历史条件的反映。随着社会生产的变革、科学技术的进步、教育事业的发展，社会对人才培养、教学内容、课程结构、教学手段、教学思想等的要求不断发生变化，教学组织形式也处在不断地变化和革新之中。对教学组织形式的发展历程进行考察，不仅有助于弄清教学组织形式的历史发展脉络，而且有助于我们准确地把握教学组织形式的深层意蕴和内涵。

（一）教学组织形式的演变

纵观古今中外的教学组织形式，其变革与发展是沿着“个别教学—集体教学—集体教学与个别教学相结合”这条逻辑主线实现传承与变迁的。我国古代的大思想家、大教育家孔子首开个别教学之风，据说拥有弟子三千，贤者七十二。在教学中，孔子提出因材施教、启发诱导、教学相长等观点，至今广受推崇、流传不衰。古希腊哲学家和教育家苏格拉底、柏拉图、亚里士多德等也都是著名的私学大师，当时由他们主导设立的各种学园，也采用个别教学。苏格拉底的“苏格拉底问答法”、亚里士多德创立的著名的“三段论教学法”，均采用个别教学开展教学活动。古代的个别教学多提倡因材施教，注重发挥和适应学生自身的特点，有助于培养学生的自学能力，有助于激发和调动学生的积极性。但是，其由于教学内容、教学进度各不相同，教学时间没有统一的安排，因而具有进展缓慢、效率低下等缺陷。

社会经济的发展，特别是中世纪以来西方资本主义工商业的发展，客观上要求培养大量的合格劳动者和熟练的技术工人。然而，个别教学由于进展慢、效率低，无法提供社会生产所需要的大量劳动力。在长时间的教学实践和探索过程中，逐渐产生集体教学这一教学组织形式。虽然根据不同的分类标准，集体教学包括多种具体的教学组织形式，但是从总体影响力来看，班组教学和班级授课制教学是影响范围最广、最具代表性的两种集体教学组织形式。其中班级授课制教学是集体教学中最具代表性的教学组织形式，班组教学可看作是个别教学向班级授课制转变的中间过渡阶段。

在我国最早采用班组教学的是唐、宋、元、明、清的书院和官学。书院是我国古代社会的一种教学组织形式，它是教学与研究相结合的高等教育机构，产生于唐代，到清末共有一千多年的历史。书院由名师讲学，实行开放的教学组织形式，提倡学术争鸣，鼓励学生创新。同时，制订较明确的课程设置计划，实行分斋教学，具有严密的组织制度，并在教学上形成了自己的特色。我国的书院虽然还不是严格意义上的集体我国的官学是为了巩固政权而建立的庞大的官像机构，分为中央官学和地方官学。官学制定了较为严密的管理制度，包括入学、考试、放假、开学等一系列教学制度，已初步具有理论与实践相结合的教学方式。这种官学更接近于班级授课制，但仍然不是完整意义上的班级授课制，实质上是一种班组教学。

我国从清末同文馆开始正式采用班级授课制，后通过“壬寅学制”和“癸卯学制”的制定和实施，班级授课制得到了大力的推广和完善，最终成为我国主要的教学组织形式。受到苏联教学思想的影响，这种教学组织形式在中华人民共和国成立后也被确定为我国小学、初中、高中以及大学教育中最普遍的教学组织形式，其地位保持至今。

班级授课制有许多公认的优点，但是同时又存在无法照顾学生的个体差异、缺乏真正的集体性、学生之间不存在合作等明显的局限。为弥补班级授课制的不足之处，人们开始寻找更加适合的教学组织形式。个别化教学是在特殊情况下形成的一种以学生为核心的教育机构，学生的能力、兴趣、需要等各方面都存在较大的差别，因而不应一成不变地看待学生。要想有效地提升学生的学习效果，就要根据学生的不同情况进行个别化的教育。弹性制、设计教学法、导师制、开放教学、选修制、分组教学、不分级制、个别教学、自学辅导教学等，都属于个别化教学组织形式。

实践表明，在教学中不存在一种万能的教学组织形式，充分利用各种教学组织形式的长处为教学活动服务是最合理的选择。所以，集体教学与个别教学相结合，成为教学组织形式发展的必然。其中，小组合作学习是一种备受关注的教学组织形式，采用其开展的教学实践活动较多，教学效果也不错。

（二）日语教学组织形式的演变

对于日语学科来说，从清末同文馆的东文馆算起，我国的近代日语教学走过了一百多年的发展历程。近代以来，我国社会环境的巨大变化，教育教学理念不断更新，教育科学技术不断进步，使我国日语学组织形式也呈现出一定的变化。但整体上看，我国日语教学组织形式的特征是以班级授课制为主，其他教学组织形式零星存在。

中华人民共和国成立后几十年间，由于历史原因，在我国几乎所有学科的教学中，班级授课制一直占据统治地位。我国的日语教学也不例外，几乎所有的学校都以班级制为基本的教学组织形式。虽然近些年来，有些教学条件较为优越、教师资源较为雄厚的外国语学校、普通中学尝试导入“导师制”“小组合作学习”等国外较为流行、教育理论界较为推崇的教学组织模式，但是对于大多数普通中学的日语教学来说，无论是从硬件设备（教学人数、教室的结构、教学设备等）还是从软件资源（教师的资质、数量以及教学资源等）来看，都还只能采用传统的班级授课制。此外，高考考核方式、高考成绩对学校及任课教师的巨大影响，也是很多学校选择班级授课制教学组织形式的重要原因。

进入 21 世纪以来，特别是新的中小学课程改革实施以来，我国外语教学的目标、理念等都有了很大进步，这对于中小学外语教学的实施有着巨大的指导意义和引领作用，其中就包括引导一线教师对各种教学组织形式进行深入的研究。例如《义务教育日语课程标准（2011 年版）》《普通高中日语课程标准（实验）》等课程标准中，都加入了“活动教学”“合作学习”“任务教学”等涉及教学组织形式的内容，并鼓励教师根据课程内容和教学一线的实际情况改革现有教学组织形式，探索新的教学组织形式。但是，教学组织形式与教学理念、教学方法等有着紧密的联系，同时受到各种现实条件的制约，其具有相当的稳定性，因此，变更需要经过较为漫长的过程，不可能一而就，需要教育行政机构、教学理论界、各级教学实施机构、教师等各方面的共同努力。

三、研究日语教学组织形式的意义

对日语教学的组织形式进行探讨，主要体现在三个层面。

促进日语课程与教学机构之间的相互结合，提高日语教学的效果。日语作为一个独立的学科具有其独特性，只有深入研究各种教学组织形式在与日语学科结合的过程中显现出的优势，发现其中存在的问题，只有这样，我们才能选择科学合理的教学结构，从而使日语学科的教学组织方式得以完善，从而有效地促进日语教学的发展。

日语教学的结构与日语课程内容、日语教学方法和日语教学方式密切相关，研究日语教学组织形式可以推动和促进日语课程内容的更新、日语教学方法的发展和日语教学模式的优化。

日语教学的组织形式是课堂教学的一个主要方面，它反映了普通的课堂教学的组织形式。深入研究日语教学组织形式，发现其优势，并努力进行探索、创新，可以丰富外语教学组织形式的内涵，甚至为一般教学组织形式的发展提供启发。

第二节　日语教学组织形式及其改革趋势

班级授课制又称课堂教学，在其漫长的历史发展过程中得到不断丰富和完善，特别是在引入我国之后，与我国的基本国情、课程内容等实现了较好的融合。班级授课制在我国日语教学中得到了广泛的应用，并且实现了与我国日语教学的融合。在较长一段时期内，班级授课制为我国日语教学效率的提高、教学效果的提升起到了重要作用，至今仍是我国日语教学的基本组织形式。

一、日语教学的基本组织形式——班级授课制

（一）班级授课制的特点

班级授课教学是指由一定数量、年龄和文化程度的同学组成的教学小组，由老师按规定的课程、进度和教学时间表对其进行教学。课堂教学总体上呈现如下特征。

（1）固定学员：根据学员的年纪和学历，分为一定数量的班，一般为30-50名。

（2）师资力量：由学校根据自身的工作和职业特点来安排教学工作，由老师对所教授的课程进行全面的管理。

（3）内容定型：按照《课程标准》、《教科书》、《教育纲要》等进行授课，使教学目

标一致、教学进程一致、多科目平行、交叉授课。

（4）课程安排：课程安排一致，课程安排一致。

（5）场所固定：教室相对固定，学生的座次也相对固定。以班级制为基本形式的日语课堂，与其他学科相比，又具有一些自己的特点。

1. 日语实践活动较多

学习日语最终是为了使用日语来开展交流、解决问题，因此，日语学科是一门实践性较强的科目。日语课堂教学的重要内容应该是学生的日语实践活动。教师应该紧密结合所教授的知识和技能，联系生活实际，尽量创设贴近现实的、真实性较强的课堂活动，让学生充分进行贴近“实战”的实践活动，在练中学，掌握用日语做事的能力。其中，实践情境的创设是关键。

2. 课堂是信息的主要来源

课堂是学生接触日语的主要渠道，日语课堂教学必须保证学生接触到大量的日语语言材料，让学生在大量接触可理解性日语素材的基础上，运用、归纳日语的规则，最终实现日语知识、规则的内化，形成日语运用能力。给学生提供的日语材料，除了在量上要有保证，还应该注意难度与学生的理解能力相当，素材的形式应该多样化，如纸质材料、听力录音、录像等。虽然在当今时代，学生也可以通过网络、电视等渠道获得日语材料，但是，鉴于学生的鉴别水平和选择能力，日语教师应该充分利用多种渠道搜集、选择、合理组织优质的日语语言材料，保证课堂上日语输入的质量。

3. 内容密集，教学节奏快

语言具有百科全书性质，涉及社会的方方面面。语言课堂一般会以练习作为教学的主要外部手段，因此，语言课堂一般具有内容密集，节奏较快的特点。日语课堂亦是如此。在日语课堂上，教师需要讲清楚日语本体及其与日本历史、社会的联系，还必须通过语言活动来巩固和强化学生的日语能力。因此，日语课堂具有教学量大、环节多的特点。

4 活动形式多样

日语运用能力是多种多样的，如听、说、读、写、译等，因此日语课堂活动的形式也必须是多种多样的。教师需要设计多种活动形式，尽量在课堂上模拟日常生活中可能会使用日语的各种场景，以提高学生使用日语应对各种现实问题的能力。

（二）班级授课制的优势和缺陷

任何教学组织形式都有其优势和缺陷，班级授课制优点有以下几个方面。

对提高教育质量具有重要意义。日语老师在班级里对着数十位同学进行小组教学，与个人教学比较，大大缩短了授课时间，大大减少了日语教师的精力投入，大大提高了日语教学工作的效率。

这对改善日语的课堂教学和教学工作具有重要的意义。班级授课具有一定的针对性和计划性，能最大限度地调动日语老师的主动性，促进了课堂教学工作的顺利进行。

在日语方面，受过正式日语教育的老师可以更好地利用日语专业优势。

有利于发挥班集体的教育作用，使学生相互促进。在班级集体中，学生之间有共同的目标和学习经历，他们之间可以相互学习、相互切磋，更可以互相帮助。这样既有助于他们在日语能力方面的精进，也有利于他们思想品德的提高。

班级授课制的缺陷主要有以下几点：(1) 因为它是针对全班同学，采用了同样的教科书，而且有相同的教学内容和课程安排，因此教学强调所有成员“齐步走”，不利于教师因材施教，不能照顾到学生的个体特点；(2) 教学范围多集中在教室里，不能使学生的理论与实践相结合；(3) 教师的主导作用明显，不利于学生主动性的调动。

(三) 班级授课制的类型和结构

日语课堂的类型多种多样，根据教学目的、教学内容、操练形式等不同标准，可以进行多种分类。例如：按照教学内容和目的划分，可以将日语课堂分为综合日语课、日语口语课、日语阅读课、日语视听说课、日语写作课、日语翻译课等；按照语言材料划分，可以分为日语语法课、日语词汇课、日语语音课等。一般来说，在大学日语专业教育中，开设的日语课程种类较多。但是在我国中学日语教学中，限于课时和教师等多方面的限制，多以综合日语课为主。

根据教学内容和目的的丰富程度，日语课程还可以分为单一课和综合课两种。单一课是指一节课主要完成一种教学任务的课。比如在中小学日语教学中，教师采用的将日语新知识讲解、日语技能训练以及当堂检测相结合的授课方式。中小学低年级学生有意注意时间的长度有限，无法长时间集中注意力，综合课有助于调动学生学习的积极性，提高课堂教学的效果。

教学的组织形式是教学内容（联系）按一定的次序和时间安排。一般来说，每一种类型的课都有一定的结构，课程的类型不同，其结构也不相同。对于日语课来说，不同班级的日语课结构应该反映本班学生的情况，更应该体现出日语课应有的特点。任课教师在教学中应该避免课堂结构的化。

我国中学日语教学中最常见的综合课体现了日语教学的整个过程，便于进行语音、语法、词汇等方面的有机结合，便于训练综合的日语运用能力。

组织教学：在一节课后，老师要快速地让教室安静下来，核对教室的数量，并把注意力放在同学身上，这就是组织教学。在这一环节，教师可以让学生做好上课准备，为教学有序地、顺利地展开提供条件。

检查复习：检查复习主要考察新知识的掌握状况，并在新的基础上，构建新的知识点。检查复习的内容可以是上一课学习的，也可以是以前接触过的，原则是必须要与下一环节的学习有联系。

学习新内容：新内容的掌握是这门课程的重要内容，它的首要目标是让学生理解和掌握新知识、新技能，教师要通过各种方式来展现新内容，使学生能够在积极的状态下进行知识活动掌握新的内容。

巩固新内容：新内容学习结束后，教师可以采用提问、复述、讨论、作业等方式引导学生当堂巩固所学新内容。至此，课堂教学的主要环节结束。

布置课外作业：为使学员在教室里学到新的东西，使他们能够更好地掌握和吸收新的知识，教师一般还会布置课外作业。

任课教师可以根据授课目的、授课内容的特点、学生当时的具体情况等因素对该课的结构进行灵活的调整，但是，必须注意每个环节都应该有明确的目的，必须保证各教学环节之间逻辑合理、联系紧密。

二、日语教学组织形式的改革及发展趋势

虽然我国日语教学的组织形式保持了以班级授课制为主的基本特征，但是，我国日语教育界探索新教学组织形式的脚步一直未曾停止。特别是新课程改革开始以来，日语教学理论界对教学组织形式的研究和讨论越来越多，在教学一线，导入新教学组织形式的尝试也越来越多。总体来看，我国日语教学的组织形式主要体现了班级规模小型化，组织形式更多样、更综合，课外活动越来越受重视以及个别化教学形式逐渐兴起这四大特点。

（一）班级规模的小型化

近年来，我国中小学日语教学组织形式的一个重要变化就是班级规模的小型化倾向越来越明显。班级授课制虽然在教学实践过程中暴露出诸多先天的缺陷，有人曾经提出抛弃班级授课制，但是从历史发展趋势和我国中小学日语教学的实际情况来看，这种主张是不合理的。反而适当缩小班级规模是一种值得推广的做法，其有效性在我国中小学日语教学中也得到了证明。

小班教学具有大班教学不可企及的优点，可以有效弥补班级授课制教学的缺陷。小班

教学可以增加师生之间交流的机会，教师可以对学生个体给予更多的关心与照顾，增加学生个体发展的机会；可以调动学生的学习兴趣，学习态度比大班更好，课堂气氛也会更愉快；有利于教学活动和教学方式的多样化，有助于提高学生参加课内外活动的积极性；还有利于教室座位排列方式的多样化，扩大课堂活动的范围，促进学生之间的社交性沟通与交流、师生之间的平等交流。

然而，缩小班级规模就意味着教育经费投入的增大，高水平师资的需求增加，这对于我国大多数普通中学来说，是一个不小的负担。因此，从小班制的实际实施情况来看，大力推进实施小班日语教学的学校多为历史悠久、实力雄厚的重点中学和各地的外国语学校。虽然从现实条件看，大范围实施小班教学还有困难，但是小班制更适合外语教学、更有助于提高外语教学的效果这一点，已经被越来越多教育行政管理机构、各级教育实施机构以及教学人员认可，这为小班教学的推广实施提供了重要的思想基础。

（二）多样化、综合化

除了尝试采用小班制教学，教学组织形式的多样化、综合化也是一个重要的方面。一方面，我国不少中学的日语教学开始尝试根据不同课程内容和教学目标，采用班级授课制以外的教学组织形式，如活动教学、协作学习、分组教学甚至分层教学等，体现出教学组织形式的多样化。另一方面，不少学校的日语教学希望采用以班级授课制为基础，合理引入其他教学组织形式，以实现不同教学组织形式的有机融合，提高整体的教学效果。这可以看作教学组织形式的综合化。

随着对教学组织形式的发生、发展和变革过程研究的不断深入，人们越来越认识到不存在万能的、完美的教学组织形式，每种形式都有其优势和缺陷，优化、组合、合理选用才是最科学的做法。因此，从长远来看，我国日语教学组织形式的多样化和综合化是一种合理的做法，也是未来发展的趋势。

（三）更加注重课外、校外活动

随着科学技术以及信息技术的飞速发展，学生获得信息和知识的渠道越来越宽，越来越便捷。同时，伴随着我国社会经济水平的提高和家庭经济实力的增强，丰富多彩的课外活动、校外活动已经成为学生个体发展过程中不可缺少的重要推动力。从“育人”这一高度出发，学校和教师已经不能将教学局限于校园之内、课堂之上，应该充分利用学校组织或学生个人参加的各级各类课外活动，并将这些活动纳入到广义的教学当中。

就日语学科来说，日语作文比赛、日语演讲比赛、日语短剧大赛、日语歌曲大赛、日本节化知识大赛、日本节化节、日语配音大赛等各级教育机构组织的课外竞赛活动种类繁多、内容丰富。有些学校有与日本中学的友好交流项目，还有些学校会组织暑期游学等活动。这些活动对学生日语知识扩展、日语能力的提高、跨文化意识的培养都有重要的推动作用，是对课堂教学的有益补充。日语教师应该详细分析、充分利用这些竞赛和活动，实现教学组织形式的创新与探索。

（四）教学组织形式个别化

以往的日语教学多局限于课堂，这与当时的教育科学技术的发展水平有着紧密的联系。近年来，计算机的使用和信息技术的飞速发展，为日语教学提供了前所未有的发展空间。学生可以通过特定的网络渠道获得必要的学习资源，教师也可以通过新技术与学生开展网络上的交流沟通，这都大大促进了教育的个别化。电视大学、慕课、微课等都是这种教学组织形式个别化的鲜明体现。将来，日语教学中的集体教学将会逐渐与个别教学相融合，甚至个别教学的比重会越来越大。日语教育工作者和理论工作者应该积极迎接新的教育技术革命，做好思想上、物质上和技术上的准备。

第三节　日语教学工作的基本环节

日语教师在教学活动中的指导作用主要体现在其对教学活动的准备、组织、调控、评价等方面。日语教师在课堂中的主要工作包括：备课、上课、布置作业、批改作业、检查和评价学生的学业表现。

一、备课

备课是一门好课的开始，是一门好课的先决条件和依据。是教师为上课和其他教学环节所做的准备和策划工作。对日语教师来说，备课的过程需要包含钻研日语课程和教材、了解学生、选用合理的外语教学方法、制订切实可行的教学计划、设计教案和学案等内容。

（一）钻研日语课程和教材

具体来讲，钻研日语教材包括研究日语课程标准、教科书和教学参考资料等。

中学日语课程标准是中学日语教育实施的总方针，也是“课标教材”的编写依据，日语教师应该着重领会其意图，认真研读其中所描述的日语学科的体系结构、学科教学的特点和原则、教学实施的建议等内容，对中学日语学科有一个总体把握。从现实情况来看，很多日语教师并不重视研读、理解课程标准的内容和要求，有些教师甚至不知道课程标准为何物。这必然会对日常的教学产生深刻的影响，甚至会导致教师的教学出现“方向性”错误。

日语教科书是日常教学的主要教学材料，其内容丰富、逻辑严谨，渗透着某些教学理念，反映着课程标准的基本要求。日语教师应该准确理解教科书的编写理念，总体把握教科书的基本构成，熟练掌握教科书的主要内容，如重点、难点、关键点等。有些日语教师在不了解教科书基本情况的基础上，就直接按照自己一贯的教学方法展开教学，认为所有教科书都是一样的，把教科书仅仅看作是教学内容的堆积。这种看法是不科学的，这种做法更是不可行的。只有深入了解教科书编写理念，准确把握教科书的主要内容及其逻辑关系的教师，才能够充分发挥教科书的功用。从某种意义上说，教师对教科书的理解程度决定了其最终的教学效果。

教师用书是教材编写机构给日语教师提供的宝贵的辅助资料，应该成为教师授课的重要参考。教师应该重视、活用教师用书。练习册等资料也是学生学习过程中不可缺少的，对于练习资料的选择，教师应该坚持少量、高效、精选的原则，避免搞题海战术。

教师对教材的钻研和理解，不是一就而就的，而是一个循序渐进、不断加深的过程。教师应该在教学的过程中，边教边加深理解，边调整自己的教学。

（二）了解学生

学生是教学活动的主体，是教师教授的对象。每个学生都有自己独特的个体特征，教师只有了解学生的学习基础、学习态度、学习方法、学习兴趣、学习习惯、健康水平甚至家庭环境等，才能够在教学活动中做到有的放矢，实现因材施教。

为了了解学生，日语教师可以在课程开始之初通过查阅学生档案、实施诊断性测验等方式，获得有关学生的基本情况。在教学过程中，教师要注意观察，多组织班级座谈、个别谈心、作业调查、个别辅导等，尽可能加深对每个学生的全面了解。教师还可以利用家长会、家访等形式深入了解某些学生的家庭情况。

（三）选择日语教学方法

日语教材给出了日语授课的基本内容，其中包括日语语言知识、日语技能培训、日本节化意识培养等。但是，这些内容需要教师选择合适的教学方法来加以呈现，才能变成学生可以理解、可以接受的内容，仅凭简单的罗列和重复，学生是无法真正理解和掌握的。选择教学方法时，教师需要了解各种不同教学方法的优缺点，还需要对日语学科的内容特点有较为深刻的认识，这也考验着日语教师的教育教学理论水平和日语专业能力。本书第八章将对日语教学方法做详细的介绍，此处不再赘述。

（四）制订日语教学计划

制订日语教学计划一般来说由各学校日语教研室的负责人和任课教师共同制订。教学计划的制订是一个由粗到细、由整体到局部、由笼统到具体的过程，即先制订学年计划，后制订学期计划，再制订单元计划，最后制订课时计划。我国中小学日语教学的种类较多，不同性质日语课程的教学目标不同，教学计划也各不相同。教学计划的制订原则应以从实际出发、适度为原则。

关于设计教案和学案，本书第六章第四节将详细阐述。

二、上课

上课是日语教学的中心环节，是日语教师面向全体学生进行信息传递、情感交流和行为互动的主要环节。其他环节都围绕上课展开，为上课服务。教师要上好一堂日语课，起码应该做到以下五点。

（一）确立明确的目标

日语教师在上课时，必须要明确本堂课要教授哪些日语知识和技能，要培养学生哪些文化意识，要养成学生哪些情感态度和价值观，以及要让学生掌握哪些学习策略。教学目标是一堂课的方向，如果教学目标不明确，就等于一堂课的方向不明确。没有明确的目标，课堂的实施容易出现曲折，教学效果也很难让人满意。

（二）教授正确的内容

教学内容的正确性是课堂教学效果的基本保障。日语语言知识纷繁复杂，且与日本历史、社会、文化以及日本人的思维特点、审美风格等有着密切的关联，教师必须保证自己所教授内容的正确性。每个日语教师的专业素养和综合知识结构都是有限的，教师应该在日常工作中积极主动学习，并在备课过程中利用图书馆、网络等多种渠道多查、多问。

（三）采用恰当的教学方法

日语教学在其漫长的发展过程中，产生了多种教学方法，常见的有翻译教学法、直接教学法、交际教学法、听说教学法等。不同的教学方法具有不同的特点，也都有利有。日语教师应该根据教学内容和学生的具体情况选择教学方法，充分利用现有的设备条件，使学生顺利地掌握本节课的教学内容。

（四）进行有效的组织和调控

有效组织课堂教学活动就要密切关注教学过程，预测教学活动的发展趋势，及时解决课堂上的偶发事件，营造活跃、轻松的课堂气氛，是教师指导作用的重要体现。日语教师应该不断提升自己组织和调控课堂教学的能力。

（五）使用规范的语言、工整的板书

语言是日语教学过程中的主要媒介，板书有助于学生把握课堂主要内容。准确、优美的语言，工整、明了的板书都是优秀日语课堂必不可少的因素。对日语教师来说，语言要求至少应该包含汉语和日语两个方面。一方面，讲课时应该说普通话，语音应该清晰、流畅，语调的抑扬顿挫要自然、得当，语速要适中，语言表达要准确精练、生动形象、富有启发性。另一方面，日语的发音要准确、地道，日语表达要清晰，难度要适应学生的日语理解能力。

板书包括汉语板书和日语板书两个部分。板书内容上要求简明扼要，形式上要求整齐、美观，汉语板书和日语板书要相互呼应。

三、布置与批改作业

课外作业是课堂教学的延续，是教学活动的有机组成部分。课外作业是为了促使学生消化和巩固课堂所学日语知识，熟练日语表达技巧，培养应用知识和技能以及独立自学的能力。日语教师在布置作业时，应该注意：作业内容要符合课程标准的要求，紧密联系课堂所学内容，并适当扩展学生使用日语的能力，避免对课本内容的简单重复；作业的分量要适当，难易程度要适中，避免作业过多、过难；作业需要提出明确、具体的要求，避免要求笼统、含混，缺乏操作性。

课外作业完成之后，教师需要对作业进行及时、认真的批改和反馈。在对学生的作业进行检查、评阅时，应注意下列事项。

第一、定期复查，使学生能够及时地完成自己的家庭作业。

第二、要仔细地对学生的知识、技能进行批改，找出学生的缺点。

第三、仔细评定。作业通常都要有分数，老师会尽量写出一些简短的评论，

为学生提供清晰的学习需求，并指明他们的工作目标。

第四，要有及时的反馈。老师要及时向学生反馈学生的作业，指出错误的原因，以便学生能更好地理解和使用所学的知识。

第五，以指导为主。对于大部分同学的作业中常见的错误，老师要及时纠正，重点讲解。

四、课外辅导

课外辅导是课堂教学中不可或缺的一部分。主要包括：辅导学生家庭作业、解答学习上的困难、基础薄弱、旷课、对学习表现突出的学生进行一对一的辅导、对各类比赛、课外活动的辅导。课外补习主要是针对不同的学生进行个性化的教学，包括针对不同的学习目标、态度和学习方式。课外补习是一种课外活动，但要做好这一工作，才能提高课堂教学的质量。

五、检查与评定学业成绩

在课堂教学中，对学生的成绩进行检验和评价，是对学生的学习状况、教师教学效果、调控教学的一项重要内容。对学习成绩的检查和评价要从两个方面着手：一是对学生的学习效果进行检查和评价，主要有日常观察分析、作业检查和各类考试；二是对教师课堂教学的评价结果进行分析，可依据五个方面的要求，来确定评价指标体系。

学生学习成绩的检查与评定应该注意：①检查与评定应严格按照课程标准和教材规定的范围，不出偏题、怪题，不搞突然袭击；②注意考查学生分析问题和解决问题的能力，避免简单的重复；③考查、考试的次数和时间要统一安排、适当控制，次数不宜过多，考试的间隔不宜过短。

第四节　日语教案与学案的研制

教案和学案是教师教学过程中最常用的两种资料，写教案和设计学案是任课教师日常工作的重要组成部分。教案和学案设定了课堂教学的主要内容和流程，反映着制订者的教学理念和教学方法。提高教案和学案的设计能力，活用教案和学案的功能，是一个优秀教师必不可少的职业素质。

一、日语教案的研制

（一）教案的含义及类型

教案也称课时计划，是指教师以课时为单位设计的具体的教学方案，通常包括班级、学科、该课标题、上课时间、课的类型、教学方法、教学目的、教学内容、课的进程和时间分配等，有的教案还列有教具、教学手段（如播放电影、投影、录音、录像等）的使用、板书设计和课后自我分析等项目。

按照形式，教案可以分为条目式教案和表格式教案。条目式教案是以顺序排列的条目为结构形式的教案类型，有大致固定的条目及其结构顺序，每个条目之下研究、设计和安排相关内容，是一种常见的教案。条目式教案的主要特点是每个条目的容量具有伸缩性。表格式教案是以特制的专门栏目的表格为结构形式的教案类型，有特定栏目及其结构，在每个栏目之中研究、设计和安排相关内容。表格式教案的主要特点是具有提示特性，适合新教师使用。

教案按照篇幅可以分为详细教案和简要教案。详细教案篇幅较长，对教案的每个条目和教学活动过程中的每个细节，均进行思考、研究和设计，并编写计划，对教学活动过程的每个细节的设计和计划，均包括内容、教的活动、学的活动、教具和媒体使用、教与学的统一方式及时间分配等。详细教案是新教师和年轻教师备课时常常采用的类型。简要教案篇幅较短，一般为几百字甚至几十字，一般只需要规划出教学过程的关键内容、使用的新手段和媒体或特殊事例等。简要教案一般是经验丰富的老教师使用。

（二）日语教案的研制过程

日语教案的研制过程实质上是日语教师对每一节课的教学活动的时间和空间结构进行规范和优化的过程。这是一个循环往复、逐步发展提高的过程，一般包括教案的设计撰写、实施检验和评价修改三个环节。日语教案是在认真备课的基础上，按照教案的基本结构进行精心设计，并用规范的结构和简练的语言（包括汉语和日语）表达出来的书面教案。

教案完成之后，就需要在教学活动中实施、检验。检验的主要内容包括教学目标设计是否准确、全面、合乎实际，教材教具的准备是否充分，教学过程的设计是否全面，各环节的安排是否合适，时间分配是否恰当，学生的学习积极性是否得到了充分的调动，等等。

在实施完成之后，日语教师需要对自己的教案进行及时的评价和修改。评价要以实施检验为基础，确定修改目标。修改应该以及时、完善、简练为基本原则。在评价的基础上，对教案进行修改，撰写教案修改稿。总体评价一份日语教案的质量，可以关注以下四个方面：

（1）教学目标是否明确、合理。

（2）各课次教学内容安排是否合理，各课次教学目标是否明确、合理。

（3）教学过程设计是否合理，主要考查以下问题：时间分配是否合理，课堂活动是否具有较强可操作性，课堂活动是否体现出了学生的主体性，教学评价设计是否合理，各环节的设计意图是否明确，是否能够达成教学目标。

（4）语言表达是否清晰、准确。

日语教案中常见的问题：教学目标不够具体，教学过程设计可操作性低，教学实践安排不当，活动设计脱离实际，作业过于笼统，各教学环节关联性差，忽视学生的主体性，教学评价不合理，等等。下面对其中的部分现象进行举例说明。

二、日语学案的研制

（一）“学案导学”与学案

自我国21世纪初开始进行课程改革以来，从一线的课堂教学实践中涌现出新的教学模式，“学案导学”就是其中的代表之一。随着基础教育课程改革的深入推进，“学案导学”日益受到广大教育研究者的关注，也“学案导学”是指以学案为载体，通过学生的自主学习与教师适时的指导完成教学任务的一种教学模式。“学案导学”是我国原本已有、如今更为倡导的一种教学模式。它试图解决传统教学中存在的诸多问题，努力适应课程改革的要求。“学案导学”在一定程度上解决了以往教学模式中教师教得过多、工作量大，学生学得辛苦、理解程度不高的问题；过分强调教师的主导性，而忽视学生学习主体性的问题；过于重视知识的掌握，而忽视学生能力、态度、情感、意志等的培养问题；过分强调学生的共性，忽视学生的个性差异，在因材施教方面做得不够等问题。当然，不少研究也指出了“学案导学”在实践过程中出现的诸如理解化、做法形式主义等问题。“学案导学”作为一种新的教学模式，需要在实践中不断完善。

在“学案导学”中，学案处于重要的地位，它是“学案导学”型课堂推进的主要依据。与“学案导学”一样，学案本身也处在不断发展和完善的过程之中。学案也称“导学案”“学习案”等，其定义尚处于百家争鸣的状态。

（二）日语学案的研制

日语教师在学案的设计上，应该把“学”作为教学的重点。重点是学习什么，如何学习。我们应该从学生的角度来看待教科书，用他们的认知体验来理解教材，用他们的思想来思考课本，并充分考虑到他们在学习过程中会出现的一些思考问题。在教学过程中，要给予学生足够的学习时间，在完成每一个知识点后，再结合相应的主题进行练习，让学生能够更好地了解和掌握所学的知识和技巧。

日语学案设计的要求：

（1）理清教与学的关系，让学生有更多的自主、自练的机会，让他们真正地成为课堂的主人，提高学习的积极性。

（2）指导学生自主思考，做到“会学”与“会学”相结合，让“学”成为学生掌握日语的基础。

（3）要使人格发展和综合发展相结合。学案的编制要考虑到不同层次的学生的实际能力和知识水平，以保证学案的灵活性和适应性。总体而言，学案的编写以课程时间为主，基本上与老师的授课时间保持一致。

在制定学案编写时，应该以日语教学小组为单位，由一个人负责的学习计划，必然会出现偏差，所以，要制定出一份好的学案，就需要日语老师的群体参与，并在课堂上进行小组准备。小组分工，一起讨论决定。学案编写应简洁易懂，包括学习目标、学习难点、自学大纲、测试题目等。在教学过程中，不同类型的教学（如新课、复习课、活动课等）应该具有各自的特色。学案的编制应以一节为单元进行，时时进行，并注意其创新性。

在学案编写的实践中，常会出现如下问题，需要教师多加注意。

（1）对学案以及“学案导学”教学模式理解不够深入或盲目跟风，或迫于学校要求而开始编制学案。“学案导学”背后有其教学理念的支撑，有国家教育改革的背景，希望教师在深入了解相关内容的基础上，保证学案不走样、不变异。

（2）学案是引导学生学习的“案”，因此其出发点应该是学生，其内容应该反映学生学习的需求，贴合学生的学习过程。很多教师无法准确分清教案与学案的区别，导致学案变成了教案的翻版。

（3）学案要与所教授的内容紧密联系，不同科目、不同年级，甚至是不同学生的学案应该有不同的重点与特色。教学实践中的不少学案止于简单模仿，只是将其他学科、其他教师的学案结构拿来生搬硬套，不顾学生的实际需要，成为一种形式上的学案，缺乏个性和特色，缺乏对自己课堂的适应性。

（4）教师对学生全面发展的关注度不高，对合作学习、探究学习、自主学习等教学理论的理解不够深入，导致其在编写学案时，过分强调学生对日语知识的记忆和掌握，忽视了学生在语言技能方面的训练，也忽视了针对学生情感态度和价值观培养的设计。导致学案内容单一、干瘪，不能完全反映教育目标。

第五章　日语教学与语境建构

第一节　日语教学中的语际转换

翻译涉及语言的方方面面，也正是因为这个缘故，许多人将翻译定义为语际转换。虽然不能简单地将翻译定义为语际转换，但语言在翻译交际中的重要性无论怎么强调也不为过。用系统功能语言学的观点看，如果说翻译是转换，翻译是一个不断地从语篇到意义、从意义到语境然后又从语境到意义、从意义到语篇的转换过程。册扁违言，这个过程的出发点是一种语言的语篇，这个过程的归宿是另一种语言的语篇。从这个意义上说，没有语言就没有翻译。但也应该看到，从一种语言到另一种语言的转换是在意义与语境的制约下进行的，因此，翻译不是简单的语际转换，而是从语言到意义、从意义到语境再从语境到意义、从意义到语言的语际转换。这样说，一点没有看轻语言的意思，相反，我们认为语言是翻译的依据与依归。而语言又是个“混沌乾坤”，因此，需要用科学的分析体系对之进行切分与研究。人们常说，人是会说话的动物。换言之，语言是与人类同日而生的，但长期以来人类对语言的认识一直在摸索中前进，直到 19 与 20 世纪之交结构主义语言学问世，才算有了真正科学意义上的语言学。后来，经过捷克的布拉克学派、美国的描写语言学派、英国的伦敦学派、美国的转换生成学派和英澳的系统功能学派等语言学派长期的多角度的研究，人类对语言才有了比较接近于真理的科学认识。语言是语音与意义的结合体，但发展到后来，又产生了一套记音符号即书写符号。语言的语音系统是有结构的，语言的书写系统也具有结构。人们常说翻译就是翻译意义，这话当然不无道理。但同一个姑娘，穿一身漂亮的衣裙与衣衫槛楼时的意义肯定是不一样的。同样，语音与书写符号，

虽常被人们称为物质外壳，然而这两个外壳，可以将一个姑娘装扮得娜多姿，也可以使她看上去像一个气巧。语言的语音、结构与意义严格地说密不可分，人们将它们分开研究是为方便起见。符号学家将语言研究划分为三个层次：句法、语义与语用。暂且不过问这种划分方法是否得到了语言学界的普遍认同，但语用学成了当代语言学研究的一个热门课题，则是活生生的事实。语言结构的层次性及其相关的意义是普通语言学的研究范畴，

语言单位与语言单位的常规的与非常规的排列组合而产生各种常规的与非常规的意义，则是修辞学所关注的重点，语言结合语境所产生的常规的与非常规的意义则是语用学的主要研究领域。因此，我们在讨论翻译与语言的时候，将从普通语言学出发，从语言的语音、书写与语言的各个结构单位如语素、词语、句子以及段落与语篇等角度对语言与翻译进行探讨，从语义学与语用学的角度对语言与翻译进行探讨，在探讨的过程中附带讨论不同层次的语言单位的修辞作用。

一、日语翻译与语音

语言学家，或者说语音学家，从语音的发声与接受、语音的物理性质、语音系统及其结构与语音的润饰等角度来研究语音，产生了相应的各种语音科学——语音学、音系学与超音段音系学，统称语音学。语音学是研究语音的生成、语音的成分、语音的性质、语音系统与语音是如何相互结合表示意义的，语音学的发展为翻译研究中的语音描写与探索提供了极大的便利。语音具有生理、心理与物理属性，也具有社会属性。如果说语音的生理属性是全人类共有的话，语音的社会属性则因言语社团而异，因为语音与意义的结合基本上是约定俗成的，同一个意义，不同的语言用不同的语音或语音组合表示，同一个意义在同一种语言的不同方言里往往也用不同的语音表示，这就给翻译带来了机遇与挑战。各种语言如果没有音与音、音与义的结合上的千差万别，就无需翻译；有了音与音、音与义的结合上的千差万别，翻译才有必要，才会遇到各种各样的挑战。

语音在语言中的作用，不同语言的语音具有不同的特点，这些特点给翻译带来了困难与挑战。从语音学的角度看，人类的发音器官是相同的，发音机制是相同或相似的，但音与音的结合、音与义的结合是任意的，是因言语社团而异的，这就决定了翻译的必要性与翻译的困难性。

二、日语翻译与文字、词汇

文字是语言的书写形式，是用书写符号来记录语言语音的产物。因此，用语言发展史的观点看，语音先于文字。我们可以说，语音是第一性的，文字是第二性的，是派生的。语音与文字从理论上说，应该是一一对应的，但实际上并不是这样。有些字读音相同，书写却不一样；有些字书写相同，读音却不一样。语音因文字而行远，让形形色色的口头文学得以流传下来；语音因文字而升华，即席发言，经过梳理整理更有层次性与条理性，更有说服力与感染力。日常生活中我们发现，用口头表达不太方便甚至不太合适的事是常有的。例如邀请外籍教师来华授课，除了使用电子邮件外，还要签署一份合同；布置教学任务，口头说过之后，还要下教学任务书；邀请他人参加婚礼，为表示郑重其事，拿着请帖登门邀请，等等。语音形式与书写符号之间的关系，除少数拟声词之外，基本上是约定俗成的，拟声符号与语音之间的关系也因语言社团而异。当然，语音与书写符号之间也有对应关系，但不是一一对应的，而是因语境而异。

关于文字发展的早期情况，至今没有定论，故事与传说认为是某些神或人的发明创造，辩证唯物主义与历史唯物主义的观点则认为是人民大众共同创造的，一定的文字，是使用这种文字的语言社团约定俗成的结果。随着考古事业的发展，我们看到，现代文字，主要可能都是从图画发展而来的，现代的拼音文字与方块文字可能都是由象形文字发展而来的。世界上的主要书写文字有以字母为基本单元的拼音文字与以笔顺为基本单元的方块文字。汉语的书写形式是由笔顺构成部首、由部首构成汉字、由汉字构成单词、由单词构成词组、由词组构成句子、由句子构成段落、由段落构成语篇。但也有一个笔顺构成一个部首、一个部首构成一个汉字、一个汉字构成一个单词、一个单词构成一个词组、一个词组构成一个句子、一个句子构成一个段落、一个段落构成一个语篇的情况。也就是说，汉语最小的语篇可以是一个笔顺。汉语的笔顺，除非单独构成单词，一般是没有意义的，但是汉语的部首是有意义的，例如汉语的形声字，就是利用偏旁部首表示声音与意义。如果说口译是以语音翻译语音的话，笔译则是以文字翻译文字。因此，讨论翻译与文字，就是讨论笔译时文字与文字之间如何在语境与意义支配下的相互转换。汉语基本上是方块文字，虽然近来人们不时地使用汉语拼音，但还没有人也不太可能有人用汉语拼音写诗作文。

从语言的文字形式的角度看，可以将笔译分为拼音文字语言间的翻译、方块文字语言间的翻译与交叉翻译即拼音文字与方快文字语言间的翻译。一般说来，拼音文字语言间的笔译是比较容易的（可方便地采用字母对译），方块文字语言间的笔译也是比较容易的（可方便地采用直借，日语就可以直接借用汉语的方块字那样），难的是交叉笔译，将拼音文字翻译成方块文字，将方块文字翻译成拼音文字。

虽然说笔译是用一种语言的文字来翻译用另一种语言的文字表达的意义，但一般意义上的笔译不涉及译出语与译入语的文字结构，涉及文字结构的翻译主要是异化翻译。由于汉字是方块字，汉语在构词上就可以充分利用汉字的这一特点。汉语的叠字就是一个极好的例子。汉语的叠字可以有多种形式，如 AABB 式、ABAB 式等，前者如重重叠叠，后者如研究研究。汉语的成语多为四字结构，这一方面固然是受《诗经》等先秦文学的影响，另一方面与方块汉字的灵活性不无关系。龙腾虎跃、生龙活虎、瓜田李下、杯水车薪、车水马龙等，其内部结构虽不尽相同，但方块汉字的灵活性无疑发挥了重要作用。

词汇所包含的内容很多，有构词、语义关系，包括语义场、词语搭配、词汇的历史变迁、外来词语以及短语、熟语与成语等。日语的构词涉及假名、汉字和罗马字，汉语的构词涉及汉字。词汇的历史变迁，是一个很复杂的课题，有语言的内部动因，也有社会、文化等外部动因，部分地是大量使用外来词语的结果。词汇搭配问题是一个棘手问题，但有规律可循，因为词汇搭配问题主要是多义词的搭配问题。

三、日语翻译与段落、篇章

翻译与段落和篇章方面的内容很多，这里主要讨论语篇的衔接与连贯。讨论之前，先粗略地讨论一下段落与篇章这两个概念。段落与篇章，许多情况下都可以称为语篇，但是一般认为，篇章是完整的语篇，段落只是完整语篇的一个组成部分。特殊情况下，一个段落甚至一个句子，也可能是一篇完整的语篇。大于或等于句子的语篇单位只有句子、自然段与语篇。汉语里有“大段”的说法，但似乎也不是一个专业术语。在此倾向于使用自然段、大段与语篇三个术语，并且认为，自然段大于或等于句子，大段大于或等于自然段，语篇大于或等于大段。自然段、大段或语篇之所以成为自然段、大段或语篇，是因为它们意义上是连贯的，形式上是衔接的。

语篇的衔接与连贯是语言学的重要概念，系统功能语言学对之有深入的研究。衔接与连贯相互关联，讨论衔接的时候，往往要涉及连贯，讨论连贯的时候，往往要涉及衔接。但从连贯是意义层面上的现象来看，衔接是词汇语法层面上的现象；连贯是目的，是结果，衔接是实现连贯的手段。它们虽然关系密切，但毕竟是两个性质迥异的现象，可以分开讨论。下面将先讨论衔接，再讨论连贯，然后讨论二者之间的关系，讨论衔接与连贯对日汉互译的影响。

关于衔接，系统功能语言学派对衔接进行了大量的开创性的研究。系统功能语言学通过在国外学习的留学生与访问学者们的介绍，在我国语言学界已深入人心。以他们为核心，在我国也形成了一个系统功能语言学派。通过与其他一些语言学家们的努力，系统功能语言学在我国经过引进、消化、吸收已安家落户，现已经进入了独立研究、大胆创新阶段，论文与专著不断面世。这些论文与专著大都谈到了衔接，虽说还没有穷尽衔接的方方面面，但涉及的面都很广，分类也比较繁杂。笔者倾向于将衔接分为句内衔接与跨句衔接两大类，将传统意义上的句子与从句都视为句子。句内衔接，就是句子或从句内各语言单位之间的衔接，跨句衔接就是句子与句子、句子与段落、段落与段落之间的衔接。语篇的衔接手段主要是词汇一语法手段，因此，既有结构上的，也有词语上的。结构上的除了传统意义上的省略与替代之外，笔者将连接句子的连接词语也看成是结构衔接手段。此外，平行结构（包括对偶）、层递与统帅段落及全篇的特殊句型都是结构衔接的例子。词语衔接涉及词语层面的方方面面，有语音学与形态学，也有词汇学层面上的，甚至有人将及物性、主述位结构与信息结构都看成是衔接与连贯的手段，这些都属于结构衔接。关于结构衔接，专家学者们对省略与替代已经讨论得很多了，目前还没有什么新的东西可资补充，这里不予讨论。，

衔接是词汇语法层面上的，而连贯是意义层面上的，衔接是手段，连贯是目的。但是，衔接并不是实现连贯的唯一手段，甚至不是最重要的手段。语篇的连贯首先依赖语境，其次依赖逻辑，第三依赖衔接。关于逻辑与连贯，逻辑是广义的，是通常所说的“合乎逻辑”的“逻辑”。许多语篇，词汇语法层面上虽然不衔接，但意义上合乎逻辑，仍然是连贯的语篇。

所谓的逻辑，包括逻辑顺序，时间顺序与空间方位顺序。说话或写文章，一个问题一个问题地说，一个问题一个问题地展开，有时从最重要的说起，有时从最不重要的开头，这是一种逻辑顺序；描写事件，可以从现在写到过去，也可以从过去写到现在，这是时间顺序；描写空间方位，有时从里到外、从右到左，有时则从外到里、从左到右，这是空间方位顺序。这里讨论的都是自然顺序。符合一定的顺序的语篇，即使衔接得非常松散，也不太妨碍理解。但必须特别指出，一旦自然顺序被打乱，衔接对确保语篇连贯就是至关重要的了。

语法结构是实现语篇意义重组的重要手段。这里所说的语法结构，是实现结构衔接的手段。可见，适当地使用结构衔接手段，能够实现语篇的意义重组，使得本可以按照自然逻辑顺序排列的语篇意义，变得跌宕起伏，一波三折。

在语篇层面上，日语可利用自己的句型与语法结构上的完整性来实现倒装或部分倒装，可利用关联词语来实现语篇意义的局部重组，而汉语遇到这些情况则多遵循自然逻辑顺序与自然时空顺序展开语篇。因此，日译汉时，有些倒装部分、倒装的句子成分，汉语往往要遵循自然逻辑顺序与自然时空顺序来翻译；在日语原文利用关联词语实现意义重组的时候，汉语往往也要遵循自然逻辑顺序与自然时空顺序来翻译。

第二节　语用蕴含与日语言语行为

从广义上讲，所有的语言使用以及与语言使用有关的现象都在语用的研究之列。现代语言学将语用学看成是它的一个分支，虽然传统上语用学是符号学的一个分支。这里主要讨论语用学范围内一些与翻译有关的问题。当代语用研究主要集中在指示、预设、隐含、

言语行为、合作原则、会话隐含和客气原则等方面。

它们与翻译的关系都非常密切，下面择要讨论。

一、指示

指示是指在语域和上下文的层次上的一个界面，它是用一个具体的语项来描述上下文中的东西，它的含义要与上下文相联系，如果脱离了上下文，就不能真正地了解它的含义。在语言学中，指示分为人称指示、地点指示、时间指示、话语指示和社交指示。指示词语一般所表示的是指称及相关意义，这种意义的产生是人类表达自己与外部世界的关系或者说是切分外部世界的结果。人类所在的世界是没有端点的，是无极的，但人类在与外部世界打交道的时候，必须分出经纬。如何分出经纬呢？从哪几个方面来分出经纬呢？我们可以看到，人类本身的介入，就使其有了一个观察世界的出发点，因此，人们在切分人类所在的这个混沌乾坤时，总是以“我”为视角，或者说以“我”为中心。人称指示，即人类与周围的一切非生物的区别在于人是有生命的，人与植物的区别在于人是可以运动的，人与其他动物的区别在于人是有思想的、可以用语言来交际的。在典型语言交际中，必定有一个发话人，有一个或几个受话人。发话人用“我”来指称自己，用“你”来指称对方，用“他”或“她”来指称局外人，分别称为第一人称、第二人称与第三人称。第三人称所指的是局外人，因此，只有第一与第二人称代词有指示功能，第三人称代词主要起衔接作用。上面所说的“我”和“你”都是单数，它们的复数形式是“我们”与“你们”。必须注意，“我们”可用来指称包括发话人在内的人，指称包括对方在内的人，指称包括语境外的人在内的人。“你们”也可指称包括对方与语境外的人在内的人。

在语用学中，人们研究指示时往往只研究人称代词，其实，专有名词、亲属称谓词、社会称谓词等也都有指示功能。专有名词常常用来指称对方，偶尔也用来指称发话人自己，人类一般不用第二人称代词指称植物与无生命的物体，但有时可用第二人称指称动物，尤其是指称自己所喜爱的动物，这种情况常见于人与动物对话的时候。人类指称植物与无生命的物体的时候，是用距离发话人的远近为参数来指称的。

了解人称指示对翻译具有重大意义。首先，通过分析指示词语，能了解语境并通过语境把握意义。

社会指示主要指称话语情景中的以及情景外的人的社会地位，如张局长、李书记等，也包括尊称与谦称。汉语中尊称的例子很多，如您、令尊、令堂、仁兄、令爱、令郎、足下、教授等；谦称如愚兄、小弟、妾、贱妾、犬子、小女等。这些尊称与谦称有的是同时标示被指称人的性别的，如令尊、令堂、仁兄、令爱、犬子等；有些尊称或谦称是专用的，如赛人、本府、隆下，有的甚至有个人专用的倾向，如老佛爷。社会指示有的既可以用于第一人称如写信时的落款“外语系主任、教授洪××”，也可以用于第二人称，如“尊敬的洪××主任”，还可以用于第三人称：“洪××主任上次说过，有事可以写信或直接与他本人联系”。尊称一般只能用于指称对方，而谦称一般只能用于指称自己话语指示是对上下文的指称，例如，在写文章时常用“如前所述“下面将要详细讨论”等。此外，还常常用到一些表示上下句关系的词语如“因为……所以”“由于”等。

研究中发现，日语的指示词语与其他语言如汉语的指示词语一样具有系统性，所有的指示词语都是发话人以自己所处的时空参照系中的位置为中心，运用词项来指称语境内外的现象的。发话人之所以需要发话是因为他或她要将自己的所见、所闻或所思告诉他或她要告诉的人。这个人或这些人可能在现场，也可能不在现场。如果对方在现场，那就是面对面交际，如果不在现场，就是非面对面交际或远程交际。但不管是面对面的交际还是远程交际，都在一定的语境中进行，不同的是，进行远程交际时，对方不一定能看到发话人所指的一切事物。

二、预设与蕴涵

“预设”的英语对应词为 presupposition，也有人将它译为“前提”“前提”在哲学与逻辑中沿用已久，为避免混，笔者倾向于在语用学中使用“预设”。首先对预设进行研究的是哲学家与逻辑学家，语义学家也对预设感兴趣。因此，人们对预设的界定也不尽相同。一般都倾向于将预设分为两部分，即语义预设与语用预设。由于语义预设与蕴涵常常是放在一起进行对比研究的，故将蕴涵放在预设中进行讨论。语义预设是建立在句子的真值条件的基础之上的。语用预设将预设与语境联系起来，或认为自然语言是对语境持有某种设想，或认为预设是满足言语行为所必需的社会适应性条件，或认为预设是交际双方的共有知识。

预设与蕴涵都是研究意义的，因此，是译者必须了解的内容。至于共有知识更是翻译时不可或缺的。

三、言语行为

言语行为理论是由奥斯汀（Austin）提出的，他认为传统观点将所有的语句都认为是陈述性的，其实也不尽然。言语行为理论提出了一个带根本性的问题，即用语言可以做事。做有一些事，做事人必须具备一定的身份，而且所做的事必须在一定的场合下进行；但做另一些事对做事人的身份与做事的场合没有特定要求。那么，除此之外，还有没有其他言语行为呢？后来的研究又延伸到了施言行为（locutionary act）、施事行为（illocutionary act）与施效行为（perlocutionary act）。所谓施言行为，就是说话时有固定的意义与所指；所谓施事行为，就是用言语来做事，即用言语来陈述、承诺、警告等；所谓施效行为，就是用言语来影响交际的对方以获得一定的效果。

言语行为理论在语用学中占有很重要的地位，其内涵也极其丰富，近来在这方面的研究也有许多新的进展，这些对翻译的理解与表达都极为重要。

推理是以一定的常识、定的共有知识、一定的背景知识包括交际参与者的社会地位与身份等因素为基础的。那么，能不能将这些因素整理出来或加以形式化呢？于是，合作原则就应运而生了。合作原则认为，交际的参与者们既然参加交际，在交际中就会持合作态度；既然持合作态度，就会使用适当的量、以适当的质、贴近话题并以适当的方式进行交际。这些可能是格莱斯（Grice）当年的想法，于是，他将这些想法整理成一条总原则与四条准则，即：合作原则和质量准则（不要说自己认为是不真实的话；不要说没有充分根据的话）、数量准则（根据目前交际目的的需要提供信息；不要提供超出交际目的所需要的信息）、相关准则（说话紧扣话题）和方式准则（避免晦涩难懂，避免歧义，要简洁，要有条理）。必须承认，人们说话时一般是遵循这条总原则及其四条准则的。

合作原则的真谛就在于交际的参与者们在交际中常常不是直接说出本意，而是将话语意图深深埋藏，使对方或捉摸不定或费些周折才能琢磨出来。换言之，合作原则的可贵之处在于提出了一个假说，即人们在会话中通常都是合作的，都是遵守规范的，如有违反，一般不能理解为交际参与者彼此不合作，而应理解为另有他意。这种弦外之音，利用常识、共有知识与语境知识是可以推导出来的。在合作原则的基础上，Leech 又研究了礼貌原则。Leech 的研究认为，人们在交际中违反合作原则有时是出于礼貌上的需要。Leech 在研究礼貌原则时，将言外行为分为四大类：矛盾类、共生类、协同类与冲突类，并将礼貌准则又分为六大类：策略准则、宽宏准则、扬准则、谦逊准则、认同准则与同情准则。这些准则各有各的用处，但总的说来离不开使对方受惠、自己失利，或者相反，使对方失利自己受惠。礼貌原则与合作原则一样，因社会文化不同而不尽相同。

学习语用学对翻译大有裨益。首先，如果将指示与人类观察世界的路径联系起来，并进一步分析人称指示系统、时间指示系统、地点指示系统、社会指示系统与语篇指示系统。另外，指示词语主要从发话人的角度研究的，预设与蕴涵既可以看成从发话人也可以看成从受话人的角度研究的，而会话隐含、合作原则与礼貌原则则主要研究受话人如何运用语用推理理解发话人的话语意图的。总之，语用学结合交际语境研究意义，与将翻译看成交际不谋而合。

第三节　语境构型与译型配置的逻辑建构

讨论翻译，讨论翻译交际，希望能将讨论的问题具体化，而不是泛泛而谈。翻译与翻译交际都是包罗万象的大概念，实际生活中存在着各种各样的翻译，存在着各种各样的翻译交际。翻译理论的一个任务就是要对翻译与翻译交际进行分类，找出某些规律，指导翻译实践。这项工作虽然许多人都已做过，但这是一项很不容易的工作。这项工作传统上多半是采用归纳法来做的。用归纳法来研究这个问题是可以的，但也有不尽如人意的地方。乔姆斯基（Chomsky）认为，用归纳法研究语言学要收集样品，可是无论怎么努力，样品总是收集不齐的。一是因为样品太多，二是因为在收集样品的时候，新的样品又出现了，层出不穷。这就容易以偏概全，缺乏系统性。看来，用归纳法研究翻译译型与译型配置也容易以偏概全，缺乏系统性，难以具有解释力。例如，传统上从这样或那样的角度对翻译进行分类，不禁让人产生疑问：分类标准有没有系统性？分类有没有解释力？因此，笔者主张用演绎的方式研究翻译译型与译型配置。但是，用演绎的方式来研究也不是没有问题。翻译是一种多变量、多层次、动态性的交际形式，要将所有的变量、所有的层次与各种动态性囊括无余，绝不是一件容易事。那么，什么是问题的关键，什么是解决问题的钥匙呢？

本节是用描写的方法，从交际的角度切入的方式来研究翻译。研究翻译译型与译型配置也必然用描写的方法从交际的角度切入，否则，整个理论框架就缺乏系统性，就显得零零散散、支离破碎，给人东一榔头西一棒子的感觉。既然翻译是一种交际，翻译的译型自然就是一种具体的交际类型，译型配置自然也就是将翻译交际中的各种变量具体化了的结果。必须说明的一点是，将翻译交际分为表层与底层，认为表层交际的读者是翻译作品的实际读者，底层交际的读者是译者心目中的读者，译者翻译时与其心目中的读者而不是与译作的实际读者进行交际。译作可能行远，译者也希望自己的译作能够行远。但是，他不可能预测将来的读者是什么样子，也不可能预测将来的读者的语言文化是什么样子，他唯一能做的就是根据心目中的读者的现状，在理解原作的基础上，在表达上下功夫。因此，翻译译型只可能建立在翻译中的交际及其从属交际的基础上，不可能建立在表层交际的基础上。至于如何建立翻译译型，如何研究译型配置，需要从语境构型入手。

一、关于语境构型

系统功能语言学认为语境是由三个变量即语场、语旨与语式构成的，但是他们所说的这些变量，都是极其抽象的量，与代数中的X、Y、Z一样。要将它们变成具体的量，就要令X、Y、Z分别等于一个数，例如，令X=a，Y=b，Z=c，将它们代入抽象的语境=X+Y+Z的公式中，就可以得到具体的语境=a+b+c。这种具体的语境，哈桑称为语境构型。翻译是交际，翻译的译型可仿照语境构型来确定。也就是说，前面讲的翻译语境都是抽象的，都是由X、Y、Z构成，只要将具体的数值代入这些抽象的语境，就可以得到具体的译型。换言之，具体的译型是由X、Y、Z这三个变量的具体数值决定的，是由具体的语场、语旨与语式构成的。

首先，翻译中的语境的底层语境，在翻译中的语境中都有所反映。例如，作者与其心目中的读者的交际是反映在原文文本上的，通过分析原文文本的语篇，再结合对其他材料的分析，从而能够对作家和受众之间的交际环境进行剖析。同时，译者和意念的读者的交流也是存在于被译出的译文和经过的译文中，而对译文进行的对比，可以更好地理解译者和心中所想的读者的交流。

其次，在翻译中的交际中，有关作者、译者与读者的社会语旨是基本上固定不变的，原文文本与正在翻译的译文文本或翻译好了的译文文本的表现方式与渠道基本上是固定不变的，有关语场从宏观的角度看也是固定不变的。虽然，在交际的过程中，时间在推移、地点在变更、事件在发展、人物在变换，但人物与事件的变化主要是底层语境中发生的现象。因为，将翻译中的语境分为创作语境与译作语境，在这两个语境中，交际的参与者作者与心目中的读者、译者与心目中的读者都是固定不变的。从事件的角度看，小事件是大事件的一个组成部分，而在整个翻译中的交际过程中小事件虽然在发展变化，大事件是固定不变的。时间与地点的变化是小事件发展变化的标记，既然大事件固定不变，标记大事件的时间与地点是固定不变的。总之，翻译中的语境是一个动中有静的语境，翻译中的译型是一个动中有静的译型。

综上所述，决定译型时，必须注意以下五个变量：作者，译者，读者，原文和译文之间的关系，至于如何看待这些变量，将在下一节中作进一步的探讨。

二、文化与译型初探

决定翻译译型的主要是作者、译者、读者、原文文本与正在翻译的译文文本五个变量。笔者认为，划分翻译译型，可以先依次按照这五个变量的分类来划分，然后可以将这五个变量交叉起来划分。下面，将按照这个原则，先依次按照上述五个变量来划分，然后再交叉划分，最后引入语境构型概念来讨论译型配置。

对正在翻译的译文文本的分类，一方面可以参照原文文本的分类，另一方面可以参照译者心目中的读者与译者本人来进行。因为，在写作译文文本时，译者一方面要尽量考虑原文文本所含的信息与作者的交际意图，另一方面读者与译者本人对正在翻译的译文文本有调节作用。但是归根结底，作者、原文文本、读者与译者本人对正在翻译的译文文本的影响都是通过译者来施加的，因此，正在翻译的译文文本问题归根结底是译者问题。

还有一点必须说明的是，这里讨论翻译译型时，暂不考虑文体、体裁、题材与语体、风格对翻译译型的影响。但必须指出的是，基本上是就翻译中的语境来讨论的。从翻译语境的层次性与动态性的角度，可以将翻译语境分为翻译中的语境，创作语境，译作语境、人物语境与戏中戏语境。需要补充的是，交际具有阶段性，在交际过程中，事件在发展、地点在变更、时间在推移、人物在更迭，这些动态进程都可以划分阶段。因此，将翻译中的语境称为宏观语境、将各从属层次的语境称为局部语境、将各动态语境的阶段性进程称为阶段语境；相应地，将与上述语境对应的翻译译型分别称为宏观译型、局部译型与阶段译型。译型配置就是用系统功能语言学关于语境的三个变量及其子变量来配置上述三种译型中的具体译型。例如，翻译中的语境，从译者的角度看，是由理解语境与表达语境构成的。只要具体分析理解语境中的语旨、语场与语式，就能完成理解交际。在此基础上，进一步分析表达语境中的语旨、语场与语式，主要是结合读者的实际情况，在调整语旨的基础上，适当地调整语场与语式，就构成了一个翻译译型。例如，如果将日本歌舞伎翻译给普通读者来阅读，其译者与读者之间的关系就得适当调整，而语场与语式也得适当地作相应调整。这些在具体语境的具体语旨、语场与语式，就是该译型的配置。这里讨论的实际上还是语境配置，但是，只要将这些语境配置植入具体的翻译译型中，就成了具体翻译译型的具体配置。

必须指出，在交际框架中，正如在前面指出的，译者虽然是替他人服务，却是一个主动的交际参与者。记得在西方有人说过，作品写成之后，作者就"死了"。这话乍一听让人难以接受，细玩却颇有趣味，在翻译交际中尤其如此。正如前面所说，在翻译交际中，是底层交际决定表层交际。在底层交际的第一阶段，同译者进行交际的作者实际上就是译者理解中的作者，不是现实生活中的作者。在底层交际的第二阶段，同译者进行交际的读者是译者心目中的读者，不是译作的实际读者，不是现实世界中的读者。从这个意义上说，翻译译型大可以从译者的角度来划分，译型配置也大可以从译者的角度来配置，只不过在划分译型、配置译型时要充分考虑作者与读者方面的制约因素黑了。但考虑到这样划分与配置译型，会显得过于激进，也由于如果这样来考虑问题，译型的层次会显得过于复杂才作黑。

阶段译型的配置原则是相同的。可以从使用两种译型的角度对之进行翻译。现在再设想一下，有人要求将那一段翻译成戏剧。既有叙事又有对话，换言之，叙事是一个阶段，对话是另一个阶段。翻译成戏剧，译者得与演员和观众交际。这时译者就得承担起翻译与改编的双重任务。戏剧交际中，一般没有独立存在的叙事人，原文的叙事部分，要么改用戏台指令，要么改用前奏，要么改为人物的台词。因此，原文中的叙事得改用人物的语言来叙述，其他方面也要作相应的调整。

第四节　共有知识与日语教学中的翻译

在本次讨论中，将引入语言学中的共有知识（shared knowledge）的概念，将其扩大到文化与经验，认为交际与日语教学中的翻译都离不开共有知识、共有文化（shared culture）与共有经验（shared experience）日语交流是一种交际，交际是以共有知识、共有文化和共有经验为基础的。日语交流与其他交际一样，也是以共有知识、共有文化与共有经验为基础的。人们常说，交流的过程分为理解与表达两个阶段。理解原文文本与原文文本的作者，不单是个语言问题，还有知识问题、文化问题与经验问题。表达是译者与译者心目中的读者的交际，要使交际得以畅通，不单是个语言问题，还有知识问题、文化问题与经验问题。在交际中如果没有共有知识、共有文化与共有经验，没有亲身经历、知识与文化方面的积累，交际是难以进行的。日语交流既然是交际，共有知识、共有文化与共有经验就必然是不可或缺的。本节将重点讲解共有知识在日语教学中的翻译时的意义。

一、关于共有知识

公有知识指的是交流中的两个人所共有的知识，包括一般知识、专业知识、语境知识。常识是一种生活、生产、科学、语言、法律、社会、地理、历史、天文气象、公共关系、交际等方面的常识。下面略举数例，以资说明。在日常生活中，先人以及一些偏远落后地区的现代人，基本上是日出而作、日落而休，农村尤其如此。企事业单位与党政机关，实行的是上下班制度，大致是早晨八九点钟上班，下午五六点钟下班，中午有一小时左右的休息，这是人们生活常识的一部分。又如，每天早晨起床之后，就上厕所、洗脸、刷牙、做早餐、吃早饭、将家里收拾收拾如刷刷碗、洗洗锅就上班，这也是生活常识的一部分。交际中，可以将这些常识看成交际双方已经具备的共有知识，以共有知识为预设，精练地表达自己，如说："今天早晨一起来就上班了"。通常说话人说这句话的意思是，他今天早晨起床之后就上厕所，然后洗脸、刷牙、做早餐、吃早饭，吃完早饭将家里收拾收拾，没有耽搁就上班了。听话人也会这样理解。如果实话实说，将上面的那句话说成"今天早晨起床之后就上厕所，上完厕所就洗脸、刷牙，洗脸、刷牙之后就做早餐，早餐做好就吃早饭，吃完早饭之后就去刷刷碗、洗洗锅，然后将家里收拾收拾，没有耽搁就上班了”，如果没有特定的语境要求，不但听话人觉得累赘，说话人自己也觉得哆峻，也许大家都觉得十分好笑。

语言常识也是人们共有知识的一部分，人们的语言常识大致可分为语言知识与语言使用知识两部分。人们知道什么是恰当的语言，也知道怎样恰当地使用语言。换言之，人们既具有语言知识也具有使用语言的知识，用乔姆斯基的话来说就是语言能力（competence）与语言使用能力（performance）。人们的语言知识包括哪些语音是他们使用的语言的语音、这些语音是如何排列组合构成单词、这些单词的音与义是如何结合用于指称或描写外部世界包括客观世界与人们的主观世界的、这些单词是如何排列组合构成句子的、这些句子又是如何排列组合构成篇章的、这些句子与篇章是如何表达意义的、书写系统是如何记录语音的、书写系统与语音系统有哪些联系与区别等等。人们的语言使用知识就是通常所说的语用学知识。其实，人们的语用知识也是极为丰富的，例如，人们说话时总是将已知信息置于句首将新信息置于句末。比如：“老张今天来了”。在说这句话时，说话人与听话人都知道“老张”是谁，这是他们的共有知识。说话人要告诉听话人的主要是“今天来了”这个新信息，是他们没有共有的知识。又如，人们说话经常使用指示词语，指示词语是语境与语言的一个接口，其意义离开了语境是难以理解的。但是，在说话时使用指示词语的时候，大家都知道这些词语在语境中的所指。如：“请把那个东西从那边搬到这边来”。说这句话时，说话人与听话人都知道，“那个东西”指的是哪个东西，“那边”指的是什么地方，“这边”又指的是什么地方，这也是他们的共有知识。人们在会话中使用预设时，会话的双方都知道预设的隐含意义。再如：“他至子今天来了”会话双方都知道，他有个哥哥或弟弟，这个人已经结婚，生了孩子，其中有一个是男孩，这也是他们的共有知识。人们在会话中使用预设时，会话的双方都知道预设的隐含意义。再如：“他至子今天来了”会话双方都知道，他有个哥哥或弟弟，这个人已经结婚，生了孩子，其中有一个是男孩，这些是他们的共有知识。大家还知道，具有语言常识的人在交际中是遵循合作原则与礼貌原则的，如有违反，必定另有他意。

比如，甲问：“现在几点啦?”乙答：“学生都下第二节课了。”从表面看乙违背了合作原则中的相关准则，但仔细推敲，就会发现，乙这样说，意思是说：“我没有带表，不能告诉你准确时间，但是，你知道学生一般在八点五十下第二节课。现在他们下第二节课，大概是八点五十了。”这个推论也是建立在共有知识的基础上的，没有共有知识，就无法进行推理。又如：甲（一位学生从另一位学生身边走过）问：“请问小姐芳名?”乙

（另一位学生）答："原来是你。抱歉，刚才真的没有看见大驾。""请问小姐芳名"是古代询问不熟悉的女性姓名的一种礼貌说法，今天一般不用了，"大驾"今天也不用了。从整个对话看，两人彼此熟悉，用已经废弃不用的礼貌用语与熟人交谈，只能理解为是一种幽默。这也是交际双方的共有知识。交际中，另一种需要掌握的共有知识是专业知识。古人说得好，"知音说与知音听，不是知音莫与谈"。如果对方不是知音或者说不懂行，你与他谈，是对牛弹琴。语言学专家只有与语言学专家谈语言学才能谈得投机，历史学专家只有与历史学专家谈历史才能谈得投脾气。如果一位语言学专家对一位历史学专家滔滔不绝地讲语言学如何如何深奥，历史学专家对语言学专家诲人不倦地讲他如何引经据典，那么，在很大程度上，只能是"一言堂"，对方是很难与其合作的，因为他们的交际缺乏必要的共有知识。

二、共有知识中的文化因素

文化的分类比较复杂，将语言与文化糅合在一起，则称为语言文化。与翻译密切相关的文化问题主要是跨文化问题，其次是由于历史的变迁而产生的跨时空文化问题。换言之，对与翻译密切相关的文化问题必须从共时与历时两个角度进行研究。翻译的共时文化问题主要是跨文化问题，翻译的历时文化问题，既有跨文化问题又有跨时空问题。共时角度的跨文化问题，主要指翻译所涉及的两种或几种语言文化之间的差异，即一种语言文化中有另一种语言文化没有或者虽有但有差异的语言文化现象。例如，日本人早晨起来有洗澡的习惯。我国基本上没有人这么做，即使有人这样做，也很不普遍。又如，日本的住宅中单门独院的整幢楼房很多，多半是两层或多层，一楼为客厅、厨房、卫生间，楼上为起居室等。我国虽然也开始建造这样的住房，但到目前为止仍很不普遍。这些是中日起居文化差异的例子。经济生活中，我国在一段相当长的时间内是以农业为基础、工业为主导的经济格局，发达国家则称它们自己为工业国，许多产粮大国的农牧业生产也工业化了。过去，我国的国民经济成分主要是国有经济，辅以少量的集体经济与个体经济。经过改革，现已形成以国有经济为主体，集体经济与个体经济并存的经济格局。过去，经济生产与经济生活都是政府行为，靠计划与行政命令来运作。现在，经济生产与经济生活已经基本上转变为企业行为，计划经济也逐步转变到市场经济的轨道上来。这是我国简略的经济体制及其发展轨迹。日本很早就实行市场经济体制，经济运作主要是企业行为，政府的职能主要是宏观调控。我国的政治体制与国外的政治体制也不尽相同。民俗文化中的例子更是不胜枚举。在日本，在高等学校从事教学工作的老师大多获得博士学位，只有少数例外，教授一般都带博士生；在我国，许多博士生导师由于历史原因都不曾有过攻读博士学位的机会，虽然近年来情况有所改观。相应的，许多高等学校为具有博士学位的教师制定了许多优惠政策，而许多教授虽然很有才华，由于不是博士，享受不到这些特殊待遇。交流中涉及的另一个文化问题是跨时空问题。在两种语言文化中，既跨时空又跨文化的例子到处存在。

三、共有知识与义素分析

要了解义素、义位这类术语的意义，还必须了解音位、音素以及语素等术语的意义，而且还要了解义位与义素在汉语语言学中的意义。要了解这些，不是一堂课或两堂课就可以解决的问题。义素分析的基本原则有以下几点：

(1) 对等性原则。义素分析与一般定义一样，要遵守对等性原则，也就是说，所解析的义素组合一定要与义的所指的范畴相同，而不能太宽或太窄。如把“灯”分析成“照明的+工具”，就范围过宽，因为“蜡烛”“火把也是照明的工具。又如把“黑板”分析为“黑色的+用于写字的+木板”，就范围过窄，因为深绿色的玻璃板或水泥板也可叫“黑板”。

(2) 系统性原则。义素的解析要以特定的语义体系来进行。例如，对“父亲”这样的亲族词语的义位进行研究时，就需要把“父亲”和“母亲”“儿子”“女儿”等相邻的近族词语进行对比，找出它们不同特征与共同特征，这样才能分析出各个词的义素。如果将“父亲”与“老师”“师傅”等非亲属词比较，就难分析出各自的义素。系统性原则是义素分析法的一个特点，它能系统地反映相关词义的区别与联系，而不只是孤立地解释某个词义。

专业知识的积累对保证翻译交际的流畅是必要的，同样，文化知识的积累对保证翻译交际的流畅也是必不可少的。

第五节　跨文化交际中的共有文化与共有经验

语言的交流是一种交际，交际是以共有知识、共有文化和共有经验为基础的，跨文化交际与其他交际一样，也是以共有知识、共有文化与共有经验为基础的。本节中主要针对跨文化交际中的共有文化和共有经验进行详尽地述说。

下面通过两个例子来说明什么是共有文化和共有经验。比如，甲问：“上哪儿去？”乙答：“王芬今天结婚，喝喜酒去。”甲回：“才十二点，就喝喜酒，太着急了吧？”乙无语……这个对话中，甲是安庆人，而乙是淮南人。在喝喜酒的时间问题上，安庆与淮南的风俗有所不同。安庆是晚上喝喜酒，淮南是中午喝喜酒。安庆人不了解淮南的风俗，听说中午十二点喝喜酒，感到莫名其妙；正因两人无共有民俗文化，所以淮南人因不熟悉安庆人喝喜酒的习惯，听安庆人说十二点喝喜酒太着急了也不知所云。再举个共有经验方面的例子。我国人常说，“当家方知柴米贵，养儿才报父母恩”，这种说法是很有道理的。不当家，不知道当家的难处，对当家的所说的话无法理解，至少理解不透。没有生孩子的年轻人，也不知道父母的心情，要使他们理解自己的父母，除非他们有了自己的孩子。

上面的例子充分说明在交际中如果没有共有知识、共有文化与共有经验，没有亲身经历、知识与文化方面的积累，交际是难以进行的，更别提跨文化交际了。

一、共有文化与跨文化交际

共有文化也是跨文化交际中值得认真研究的一个重大课题。共有文化是交际参与者之间共同拥有的文化与文化知识。一方面，跨文化交际中的译者必须与作者共同拥有一定的文化与文化知识，另一方面，译者必须与读者共同拥有一定的文化与文化知识。以日译汉为例，如果译者与作者都是使用日语的，他们就拥有共同的语言文化；如果作者是使用日语的，译者是使用汉语的，他也必须具备有关作者的日语语言文化方面的知识，否则就无法理解作品的字面意义更无法理解作者的交际意图。同理，译者与读者之间也必须共同拥有必要的日本节化与文化知识，否则译文文本就无法为读者所理解。如果作者是使用汉语的，译者是使用日语的，他必须具备必要的汉语言文化知识，如果译者是使用汉语的，他就与读者共有一定的汉语言文化与汉语言文化知识。但这还不够。因为翻译交际的表层是译文作者与译文读者的交际，他们之间还必须具备一定的共有文化与共有文化知识，否则交际仍无法进行。如何使他们之间具备一定的共有文化与共有文化知识则是译者的任务。应该看到，世界各地的不同肤色、不同种族的人们之间虽然有许多差别，但也有许多共同之处。例如，全世界的人都是白天工作夜晚休息，全世界除少数原始部落都实行男婚女嫁制度，全世界的人们都生活在一定的国家里，这些国家的政治制度虽不尽相同，组织形式则大同小异。生产与生活中，大家都有许多共同之处，这些共同之处是人们的共有文化的一个组成部分，翻译交际在很大程度上正是依靠这些共有文化取得成功的。但是，这些固有的共有文化只是翻译所涉及的文化的一个部分，令译者头痛的是各民族和各语言文化社团之间的语言文化差异。如果说译者本身如不与作者共有一定的文化或文化知识就无法翻译的话，译者如不解决好译文作者与译文读者之间的共有文化差异，他的翻译就不会为读者所接受，就不是成功的翻译。因此，翻译对译者本身来说，他必须与作者或读者共同拥有某种语言文化或语言文化知识，对表层交际来说，译者必须解决译文作者与译文读者之间的文化差异，从而使翻译交际得以畅通。

以上是从共时层面上来研究共有文化对翻译的作用的。还可以从跨时空的角度来研究文化对翻译的作用。从空间的角度看，文化的各个层次都是按照空间的区划划分的。将文化划分为语言文化、国度文化、民族文化、方言文化、区域文化、社团文化与个体文化，基本上是按照空间层次划分的。语言有跨国度现象，一国之内可能有各种不同的民族，同一民族中可能有各种不同的方言，同一方言区内可能有更小的方言区域等。社团文化与个体文化都是社会概念，而社会本身也是个空间概念，因此，语言文化层次本身就是空间层次。从时间的角度看，文化的发生与发展具有历时性。现代的我国人不一定都了解古代的我国文化，现代的日本人也不一定都了解古代的日本节化。如果让现代我国人将先秦、两汉时期的作品翻译成各国语言，让现代日本人将古日本时期的日语作品翻译成汉语或别的语言，都会遇到语言文化上的困难。如果让现代日本人将先秦、两汉时期的汉语作品翻译成日语，让现代我国人将用古日语写作的日语作品翻译成汉语，也会遇到更多的困难。就读者而言，无论翻译哪个朝代的作品，都是翻译给现代读者阅读或欣赏的，就必须填平古代作者与现代读者之间的语言文化方面的鸿沟。换而言之，大家必须为现代的读者补充必要的语言文化知识，使翻译交际得以畅通。

二、共有经验与跨文化交际

要使跨文化交际得以畅通，交际双方必须拥有一定的共有经验。要弄清楚什么是共有经验，得先弄清楚什么是经验。《现代汉语词典》将经验定义为：由实践得来的知识或技能和经历。在定义的基础上，可以将共有经验定义为交际中交际参与者所共同拥有的经验。语言学中，索绪尔（Saussure）将语言分为语言与言语；乔姆斯基（Chomsky）则分为能力与使用能力；海姆斯（Hymes）在他们的基础上划分出交际能力与交际实用能力，这些都是语言学界人人皆知的，但是，他们都没有谈及经历。

经验可定义为个人经历和个人知识与文化方面的积累，接下来的讨论将根据这个定义进行。从个人经历来看，翻译交际中的参与者之间如具有相同或类似的经历，跨文化翻译交际就会非常流畅，否则交际就会受到梗阻。例如，有一次参与接见日本友人，跨文化交际谈到日本某地在线路地图上的位置时说“山手线”，由于到过日本，使用过日本的地图，换言之，有这方面的经验，知道这位日本有人是利用地图上的网格参照系来说明该地在地图上的位置。同时也知道，当时我国的线路地图还没有使用网格参照系，换言之，本人同样具有使用国内路线地图的经验，因而翻译时就感到比较容易处理。虽说本人的翻译经历不长，但在国外生活的时间比较长，感触很深的是，到没到过国外是很不一样的。在去国外留学之前，虽然也翻译了许多东西，也不能说那些翻译都是错的，但总感到心中没底。到国外去一趟之后，碰到经历过的、熟悉的东西总感到要得心应手得多。当你翻译的东西与你的经历有共鸣的话，读起来会格外亲切，译起来也会格外得心应手。也就是说，翻译交际的参与者之间两两具有共同经历，不是三者都具有共同经历。翻译中最佳的情况当然是所有的交际参与者都具有共同经历，但是这种情况是不多见的，两两具有共同经历的情况则是常见的。同时，必须指出，在翻译交际中，关键是译者必须一方面与作者、另一方面与读者具有共同经历，否则，即使是作者与读者具有共同经历，也是枉然。因此，翻译需要知识与文化的积累也是不言而喻的。

第六章 日语教学的实践

第一节 翻转课堂与日语教学实践

一、翻转课堂在日语教学中的优势

在传统的课堂上，一般包括“预复习—课前解释—后复习”三大部分，而“预习”与“课后练习”则是通过课后的学习来完成对知识的内化。而“课堂讲解”部分则是以我们学校“中级日语”的传统课堂授课为案例，老师们通常采用“预习、新课、讲授、结束式、任务式”的方式来进行自己的教学。根据上课的时间表，90 分钟的教学，扣除了前面 15 分钟的复习，以及 10 分钟的结束语和作业，新的一节课有 65 分钟的讲授。这 70 多分钟，主要是老师授课，大多数同学都会认真听课，认真做笔记，还有一些同学会一边听课一边看着自己的手机，一边刷着微信。从整体上来看，老师们在追赶教学进度、认真讲课的同时，缺乏与老师的交流，也没有给予他们充分的学习和运用日语的时间。

翻转课堂，也就是在教学中，改变了学习的主动权，让主导变成了学生。所以，在这种情况下，教材中的教材必须由学生在课之前进行，即在课之前查看老师的微课、查阅资料等。

在教学过程中，学生要自己制定教学的内容和速度，而老师要采取指导和合作的方法，使他们在实际操作中得到更好的效果。而在教学过程中，教师和学生之间的交流，主要是解惑、应用知识。

总之，与常规的教学方法比较，“翻转课堂”具有增强师生互动、培养学生主观能动性、提高学生学习的积极性等优点，具体体现在：

（1）通过在教室里的实际操作，有效地缓解了在有限的教室里，使学生在日语教学中没有足够的时间来进行口语训练，从而促进了他们的日语学习。

（2）通过参加班级活动，提高了他们的问题发现和解决问题的能力，提高了他们的学习热情；同时，在与同学合作中，个人的集体精神和合作精神得以发展。

（3）突破单一的课程安排，使学生能按自己的实际状况进行自主的学习，从而缩短了学生的能力差异。

（4）评价模式从最终评价转向了过程评价，学生评价、互评、教师评价等多种评价模式，有利于学生更好地关注学生的语言运用，从而促进学生的学习热情。

因此，在日语课上，将“翻转课堂”的教学方法应用到实际操作中，有利于培养日语的全面应用，是打破目前我国日语教育发展的一种行之有效的方法。

二、日语教学导入翻转课堂的可行性

将翻转课堂引入大学日语专业，是一种非常有效的方法，主要体现在三个层面。

（1）师资力量。当前大学日语师资中，青年教师占了相当大的比重，他们普遍具有创造性、乐于接纳新鲜事物、敢于尝试新的教育方式、具备一定的信息化技能。

（2）从学员的角度来看。在教学过程中，学生的自主性都很好，在翻转课堂的教学中可以主动地进行预习和实际操作；另一方面，在这个年纪，他们更容易接受新事物，更好地展示自己，这对他们的日语教学起到了很好的促进作用。

（3）教育的氛围．随着互联网技术的飞速发展，使用的各种器材越来越多，为开展翻转课堂的活动提供了一定的硬件支撑，而日语网上的资源和学习环境的设计也为这种新的教学方式的实施带来了极大的方便。

三、日语教学导入翻转课堂的原则

在大学日语课程中引入翻转课堂要注意一些基本的规律，以防止盲目和形式化的引入，从而确保课程的设计和实际操作的顺利进行。

为了解决这个问题，研究人员给出了如下的理论

（1）整体式的设计原理。教学模式的变革要从课程设置和内容等多个层面上进行，同时要结合教学计划和人才培养方案，对课程类型和时间进行适当的调整。

（2）教科书导向的基本原理。在教学目标、学习者基础、知识点与专业性质的基础上，以教科书为核心，围绕教学重点和难点进行教学，并有系统的教学和教学实践。

（3）互动和目标协调的原理。在教学内容、教学对象等方面，根据教学现状，进行教学方法的灵活变化，实现师生之间的有效交流；在此基础上，应根据不同层次的学生采取相应的教学方式，进行有目的的教学。

（4）对课堂教学中的教学内容进行适当的规划。课堂学习的资源应该与课程的教学目

的相一致，包括指导学习任务书、教材中的重点知识、语言练习、测验等。

（5）实行综合、多样化评价的方法。在实施评估时，要从评估的重点转向运用语言的能力，从自我评价、互评和师评等角度来指导教师对语言和技巧的运用。

四、大学日语教学中传统课堂发生的转变

以往，日语教育大多是老师在教室里授课，学生是被动地听，课本上的内容缺乏弹性，没有把录相结合来提升学生的兴趣，因此，在课堂上，学生的自主性很低，与中学差不多，只要是死记硬背，就能让人产生厌学的情绪。

本课程以日语作为教学手段，拓展商务礼节与日语词汇，极取商务礼节的知识；实践教学的特色是：在日语中进行多种练习，使其能够灵活地使用基本的日语，使其能够熟练地使用日本的商业礼节和商业礼节。

在对其特征的剖析中，作者认为应注重实践性和实践性，力求把理论和实际的知识结合起来，而非单纯的老师的讲授。

五、日语教学导入翻转课堂的价值与作用

（一）日语教学导入翻转课堂的价值

翻转课堂与一般的课堂教学有很大不同，师生的作用也有很大的改变。

在翻转课堂里面，老师和形式的作用就完全颠倒过来了，老师就是引导，让形式去学习和掌握，学生可以自主的进行交流，自主决定自己的学习方式和进度。

同时，在课程设置、课程内容上也有了很大的改变。在这种情况下，翻转课堂的教学方式也发生了很大的改变，学生们可以在课外或者家里通过观看录像来进行自己的学习，在课堂上，他们可以通过讨论和吸收自己的知识，这是一种非常新颖的教育方式，在日语的教学中也是非常有用的。

翻转课堂在当今日语课堂上表现出了很大的作用，它一方面可以提高学生的自主感，另一方面也可以让学生把主动权交给他们，让他们在下课后自己完成日语的学习，没有老师的指导，这是一种很好的训练方法。

（二）日语教学导入翻转课堂的作用

目前，翻转课堂已经在大学日语课上得到了广泛的运用，经过一系列的实践，同学们对于日语的学习也有了很大的兴趣，这是一个很好的开始与发展。本节就大学日语课堂中的翻转课堂功能进行了论述。

1. 缩短学生间的差距

在一个班里，经常会出现优胜劣汰的现象，而那些成绩不佳的学生就会丧失对日语的兴趣，为缩短学生日语的学习差异，使学生们能够共同进步，大学把日语教室改为翻转课堂，学生可以在课余时间内自行自学，并按个人喜好提高日语分数，这对那些不善于学习的学生很是有益。

如果日语的理解不好，可以在下课后不断地回放教学录像，将不会的内容记在纸上，然后再找优秀的同学进行提问，帮助他们克服困难，提高他们的日语水平，缩短他们和同学的距离。举例来说，日本动漫、影片都受到广泛的追捧，像《哆啦 A 梦》、《樱桃小丸子》、《空房间》、《远山的呼唤》这些经典的影片都曾被人们所推崇。所以，在课下，同学们可以通过学习日本的录像来提升他们的日语口语能力。

2. 提高学生学习的主动性

翻转课堂最大的优点在于把学生当作教学的中心，一切活动都以学生为中心，让学生在自主性和经验性的教学中，体会到日语的乐趣，并在日语中找到自己的缺点，并进行修正与改进，使自己的日语能力与水准得到提高。比如现在，大学生们就是跟风、赶时髦。在日语教学中，老师可以把我们常用的语言转换为日文，让同学们能够更好地体会到日语的乐趣。此外，也可以安排同学们在课堂上用日语说一些有趣的话，同时也可以用唱歌来刺激同学们的日语。

在教学中，老师也可以把同学们分为不同的组进行会话和情景模拟练习，使他们能够发现自己的缺点。

3. 活跃课堂氛围

翻转课堂摒弃了“填鸭式”的学习方式，使其学习日语的全部是自主的、自觉的行为。在课堂上，老师可以发挥引领和指导的功能，当教室里的气氛处于低迷状态时，能够适时地调动教室的气氛，使同学在愉快的学习环境中获得更多的信息。

六、日语教学过程中翻转课堂的应用

日语传统的听、说、读、写、译五个部分，包括“基础日语”“日语视觉说”（亦称“日语听力”）、“日语会话”“日语泛读”“日语写作”“日语翻译”等基础科目，还有许多其它科目。

所以，是否一切的课都适合于翻转课堂，而翻转课堂的具体操作又是怎样的？翻转课堂与混合式学习、探究性学习等是相互交叉的，其目的是让学员从实际中得到最真实的学习。

经过多年的实际工作，我们学校的大部分日语课都可以使用翻转课堂。但是，应根据课程需要，确定学生在翻转课堂教学中的目标，并使其达到最佳状态。

（一）课前设计

在教学中，教师应按照教学大纲和教学目的来制定教学计划，通过课前学习表的形式将课前学习的重点、难点、学习方法等进行整理，使学生能够按照课件、教学视频等进行学习，并进行自我总结，从而增强学习的积极性。

课程之前的视频应该尽量不长，因为视频要将各个模块的关键和难点都表现出来，而且在制作的过程中，还要让学生们产生浓厚的兴趣。

为确保学生们看完录像，可以在录像中添加一些小的陷阱，例如，在合适的时间内，可以设置一些问题，让他们在没有思考的情况下，进行回答。

在课堂上，同学们应该完成以下几点：一是从老师上传的教学录像和文件中，通过观看教学录像来进行预习。其次，要有节制地按照自己的条件去学。悟性好的同学可以先看一眼，悟性不好的可以在任何时候停止播放，也可以在看的时候重复播放，在看的时候，有什么不明白的就可以停一下，然后记录下自己不明白的问题。与同学们进行交流，并就自己在观察时所碰到的问题进行解答，并根据问题进行分组确认。

（二）课前学习指导

当前，大部分的学生都是消极的学习方式，主观能动性不强，因此，在教学过程中，引导他们进行有效的教学是非常必要的。

首先，要让孩子们能够仔细地聆听，而他们是否能够认真地聆听，则是影响整体的教学成效的关键。

与此同时，要指导同学们深入地思考和记录，学习反省。比如，一个学生以为可以把所学到的语法解释清楚，但是在实践中却不知道如何运用，教师需要引导他们对问题的思考，看他们是没有真正的了解，或者因为没有语言环境的条件。

让学生分组讨论，归纳总结知识，听取和回答问题，聆听并参加同学们的互动。

（三）课堂教学

因为翻转课堂让学生在上课之前就学会了自己学习，所以可以利用课堂上的时间来检验自己的教学成果，从而更好地消化和巩固自己的知识。

老师们要搭建一个有很好的交互作用的教室。翻转课堂教学还要求老师调整教学的速度。按照不同的同学的能力进行分组，老师要指导他们相互交流。

在小组讨论困难的时候，老师要适时地插手，对每一组进行单独的引导，并用激励的方式来鼓励他们。老师要认真听，仔细观察，回答问题，注意课堂上的讨论。

在看录像的时候，学生的理解能力都会受到影响，从而导致他们对录像的理解出现偏差。课堂结束后，老师要根据所看到的录像来解答问题。

课堂结束后，老师会做一些单元测试，例如词汇和句子的运用，以测试学生的自学能力。老师不再在台上等着同学们进行讨论，而是下讲台，参与同学的讨论，在发现问题的时候，可以提供一些建议。通过对学生的提问，老师和学生一起讨论并回答问题。

在课堂上，同学们通过自主探究的方式，形成了自己的知识系统，通过集体互动，互相展示自己对所学的东西的理解，对老师们的问题进行讨论。

（四）课程评价

学生的成绩既反映在对学习的理解上，也反映在对教学质量的评估上。而翻转课堂的评估结果也是如此，因为不同的学习能力，我们要看的是学生在学习的过程中付出的努力，而不是只看最后的成绩。

老师有权按科目进行适当的定量分析。同时，也不能让老师单独决定，要有自己的评估，小组成员的相互评估，小组之间的评估。最后得出本科目的总分。

对学生进行评估的一个主要作用是向老师反馈教育效果。在不了解学生掌握了关键知识的情况下，教师的课堂讲授就无法被视为是一种行之有效的方法。通过提问和对学生的学习观察，可以为老师们的教学提供相关的资料。在课堂上，要想了解更多的关于学习成绩的细节，就必须进行简短的小测试和书面测试，收集学生的学习成果。评估还能为教学改革提供全面的参考。

第二节　多媒体与日语教学实践

多媒体日语教学是在日语教学中，运用多种媒介和技术，对其进行加工、整理、传播和交流，实现日语教学与学习的最佳组合。它是以现代语言学理论、日语教学论、教育信息技术学、系统科学为理论基础的。

一、多媒体日语教学的特征分析

（一）教学资源的共享性

多媒体的教学资源主要以数字化的形式存在，这一形式可以充分利用网络实现资源的共享。教师之间、师生之间、学生之间、班级之间、学校之间等均可以按需要进行教学资源的共享，从而减轻了教与学的工作强度，甚至可以远程教学来实现师资共享（包括课堂教学师资和课外辅导师资）、课程共享、学习合作伙伴共享等。

（二）教学形式的立体性

多媒体技术集声音、图像、文字于一体，信息应用上具有立体性，能充分调动学生的多种感官，有利于学习者多维度的认知和语言综合应用能力的培养。人类对于信息的接收和反映主要靠视觉、听觉、触觉、嗄觉和味觉，其中70%～80%的信息是由视觉获得的，约10%的信息是通过听觉获得的。日语教学借助多媒体技术手段，所学的语言信息通过多通道的输入、存储、处理、输出，可以让学习者置身于虚拟的语言环境之中，向学习者提供大量的视觉和听觉接触信息的机会，通过对多维度信息的多途径利用，以立体的方式进行听、说、读、写、译的基本语言能力学习、训练和语言实验、研究。

（三）学习方式的自主性

在多媒体日语教学中，教师可根据教学指导思想选择多媒体教学的形式，有助于实施以学生为中心的教学。多媒体教学环境为学生学习日语提供了多元化的教学方式，学生可根据自身的情况确定学习方式和学习过程，有计划地进行学习。多媒体日语教学可使同一时间段内不同情况的学生为同一教学目标实施不同的学习过程，有助于培养学生的自主学习能力。

（四）教学管理的辅助性

通过网络平台等途径，教师可以对学生的学习情况进行实时监控。教师可以通过后台掌握学生的学习状态数据，包括在线自主学习、在线练习、在线测试所产生的原始数据和分析数据，可以及时、全面、具体地了解教学变化，有针对性地进行教学决策调整和对个体学习者的指导或辅导，同时，教师可实现对庞大数据支撑的形成性评估与终结性评估相结合的教学评价体系的实施

二、多媒体日语教学应遵循的基本原则

由于多媒体日语教学与传统日语教学存在一定的差距，为了科学确定教学内容，选择正确的教学方法，提高教学的吸引力、感染力、针对性和实效性，全面实现大学生日语教学的目标，在进行多媒体教学时必须遵循以下原则。

（一）多媒体日语教学应遵循主体性原则

主体性原则是指在开展多媒体日语教学活动时，应把学生视为教学的主体，充分调动

学生的积极性和主动性，以实现日语教学目标的行为准则。学生的主体能动性是影响日语教学效果的一个极其重要的因素。

这一原则强调学生是学习过程的主体，他们应在教师的引导、指导和组织下，充分发挥多媒体的集成性、交互性、非线性、实时性、便利性等特点，通过积极参与日语的学习活动，主动建构知识与意识，按个人实际水平和特点，选择所需的学习内容，自主安排学习进程，突出学生在学习过程中的主体地位。

（二）多媒体日语教学应遵循立体性原则

立体性原则是指利用多媒体技术进行全方位、多感官的信息输入，使学生最大限度地接受语言信息。这一原则应当体现多媒体使用的多样化、课堂结构的多元化、教学方法的灵活性、教学目标的多维性、学生能力培养的多面性、听说读写译阶段既有侧重又全面发展、言语认知过程的多元性、训练方法的立体交叉性等。各个媒体之间应是相互补充和有机结合的。

（三）多媒体日语教学应遵循交际性原则

日语教学的终极目标就是提高学生的日语应用能力。这一能力在交流中会得到很好反映。然而，在现实生活中，日语的学习和口语的运用常常很困难，很难由抽象到具体，学习和应用之间存在着很大的脱节。为此，在多媒体日语教学中要把日语看成一种交际工具，充分体现多媒体的交互功能，把日语的学习看成积极的使用过程，要力求准确和熟练，要多进行言语实践，在实践中巩固，从实践中发现问题、纠正错误，语法知识、语言规则的掌握要与语言点的实际使用紧密结合。

（四）多媒体日语教学应遵循激励性原则

激励性原则是指在学生独立进行日语学习时，要运用各种激励手段，对学生施加外在刺激，以强化学习，从而实现日语教学目标的行为准则。激励的形式包括正激励和负激励。正激励是指奖励，即对学生的良好行为的积极肯定，以促使其保持和增强这种行为，从而强化学生的良好动机；负激励是指惩罚，即对学生不良或不正确行为及其后果的一种否定，以促使学生中止并转变不良行为，使其原有的行为动机消退，引导其朝着正确的方向迈进。在学生独立使用多媒体技术进行学习时，尤其需要这种原则来保证学生学习方向的正确性。

三、多媒体日语教学的模式

在现代科学技术的飞速发展下，日语教学中采用了多媒体技术，由辅助性教学向主导性教育型转变。

在多媒体辅助教学模式中，主要是教师通过计算机多媒体的教学手段，向学生进行日语授课。学生在这个模式中仍处于被动地位，教师是这个模式的主导者。

在多媒体主导模式中，多媒体教学手段处于主导地位，设计者（可以是教师或软件编制人员）为学习者设计多媒体软件、课件和建构数字化学习资源。学习者通过主动对多媒体进行操作使用，对其中的内容进行学习，主动建构所要学习的知识。具体到教学内容，多媒体日语教学可分为教学演示、练习、个别辅导、模拟和问题求解等。

教学演示是利用计算机的音视频等功能，将教学内容全面地展示在学生面前的方法。教学演示能够更形象、更直观、更深刻地反映事物的本质，解决传统手段中难以解决的重点和难点问题，使学生能够准确地了解和把握相关的技术知识。该模式尤其适用于日语说明文、科普文、篇章结构分析等方面的课程。

练习是通过计算机对所学的日语知识及时进行巩固。具体来说，就是依靠教学软件，将所学内容编成多种类型的练习题供学生演练，由计算机对学生的回答进行判断，并对其进行分析或提示。

个别辅导即一对一地进行辅导，就相当于计算机是学生的私人教师，解决学生所特有的学习问题，从词汇、语法、语义、语音到翻译、阅读、写作全部在计算机的控制之下。学生通过与计算机的实时交互完成学习。这种学习模式主要适用于自学日语或额外对某一部分进行学习的情况。

问题求解是利用计算机语言编出解决某学科问题的程序，运用这些程序来帮助学生解决学习中的问题。这些程序有的是已编制好的通用程序，学生使用这些程序来解决学习中遇到的问题。

四、多媒体日语教学设计

教学设计是根据教学对象和教学目标，通过系统分析、组织和协调教学系统各环节，使教学流程得到全面的优化，从而达到教学的最佳效果。多媒体日语教学设计就是以教育信息技术为手段，根据日语教学内容与教学目标，通过精心创设日语教学的系统环境和学习条件，周密分析学习目标、学习者的特征和学习过程，以取得优化教与学最佳效果的过程。

（一）多媒体日语教学设计的基本准则

多媒体日语教学设计的基本准则如下。

（1）必须以教学目标作为出发点。在进行教学设计时，教学媒体的选择、教学内容的确定、教学时间的安排等因素应紧紧围绕教学目标进行，在课堂上，老师要把学习的目的通过直接或间接的传达给学员，让他们能够更好地融入到课堂中，从而为他们的学业评估作好充分的心理准备。

（2）以学生在学习过程中建构“概念框架”为中心为学生提供“先行组织者”。为学生提供先行组织者，能使学生将现在所学的知识与原来所学的知识建立联系，这种联系主要通过解释、综合、归纳等形式进行。这样能提高学生的信息编码能力，运用自己的言语方式组织学习内容。

（3）运用不同的图解方法，促进学习者形成知觉组织。日语教学过程中，可以用简明的图表或视觉形象，将学习内容组织成一个有意义的整体，使认知对象迅速从认知背景中分离出来。用易记的结构方式来组织复杂的信息，提高学生的学习效率。

（4）采取多种多样的教学活动使学生保持持久的注意力。在教学过程中，教师应避免长时间专注于课件的讲解上，还应适时地变换教学方法，增强学生学习兴趣的持久性，扩展学生的注意范围，缓解学生的学习疲劳，调动学生的积极性。

（5）避免过于花哨的教学形式。有的教师为了提高多媒体教学的吸引力，在课件上设置过多的不相关的动画，或是过多地向学生播放视频等，这往往会使学生的注意力集中在与学习不相关的方面上，教学效果往往不理想。

（二）多媒体日语教学设计的主要步骤

（1）教学目标与学生分析。在进行教学设计时，通常课程教学目标是已定的，为了实现总的教学目标，应该对它进行分析并分解，构成一个教学目标体系。除了对教学目标进行分析外，还要对学生的特点、发展规律、已经掌握的知识情况进行分析。

（2）情景创设。根据教学目标体系中的分解目标，一一对应地设计教学情景，以多媒体辅助进行情景创设，以便教学内容信息在真实或虚拟的情景中传递。

（3）信息资源设计。根据教学目标体系中的分解目标，对应地分析信息资源，结合所创设的情景，对信息资源进行分配、管理，并运用相关的学习理论，根据教学需要提出利用方案。

（4）自主学习设计。自主学习能力对学生自身的发展尤为重要。因此，教师应以提高学生自主学习能力为目的，为学生设计系统性的学习任务，如阶段性的学习目标、学习内容、学习计划等，并指导学生如何进行自主学习。

（5）合作学习环境设计。合作学习环境的设计主要是指如何针对教学目标、内容和学习者的实际情况进行有关多媒体教学条件和环境有效利用的方案设计。

（6）强化练习设计。根据教学目标，对与主要教学内容相关的知识和技能，应该充分利用多媒体条件并遵循多媒体教学原则，设计出效率高、效果好的强化练习。

五、多媒体日语教学课件制作研究

（一）多媒体课件的基本认识

课件是在相关教学理论、学习理论与传播学理论的指导下，根据教学大纲的要求，经过教学设计、软件设计等环节加以制作的教学方案。它与教学内容有着直接联系，并能反映一定的教学策略。而多媒体课件本质上是以多种媒体的表现方式和超文本结构制作而成的一种应用软件。它主要是对教师教学的辅助，以多样化的信息传播形式促进学生自主学习，突破教学内容的重点与难点，从而提高教学效果。

1. 多媒体课件的特征分析

（1）多媒体课件的表现力丰富。多媒体课件能够再现客观事物的发展顺序，展示事物存在的客观规律。对于一些使用传统教学手段无法解决的教学问题，如抽象的概念、复杂的变化过程和运动形式等，可以利用多媒体所具有的特性将其内容通过图像、动画、视频等形式生动、直观地表现出来。

（2）多媒体课件的交互性强。多媒体课件具有人机交互的特点，可以根据学生的鼠标动作、输入信息等进行相应的操作，指导学生有针对性地进行学习。多媒体教学能够对学生所反映的问题进行及时有效的反馈，及时解决学生在学习过程中遇到的问题，确保学生获得知识的准确性、完整性与广泛性。

（3）多媒体课件的共享性好。随着网络通信技术的发展，多媒体课件所包含的信息资源可以通过网络进行传递，共享信息资源。承载在网络、U 盘、移动硬盘上的多媒体课件使教学知识的传播突破了时间与空间的限制，教师和学生可依据自身情况对信息进行有选择的吸收与借鉴。

2. 多媒体课件的分类

按多媒体课件的内容与作用进行分类，可分为以下几种。

（1）课堂演示型。这种类型的多媒体课件主要以直观的文字、图片等形式向学习者展示概念、原理、事物运动等事实性知识，注重对学生的提示和引导作用，并通过多种媒体信息的展现对问题解决的过程进行描述。这类课件主要用于课堂教学演示，以解决课堂教学内容的重点和难点为主要目的，用于辅助教师的课堂教学，向学习者展示教师的课堂教学思路。它要求更直观地呈现教学内容，同时展示屏幕尺寸要大，以方便每位学习者都能清楚地看见呈现的教学内容。

（2）教学游戏型。这种类型的多媒体课件与一般的游戏软件不同，它以学科知识内容作为基础，寓教于乐，通过游戏的形式使学生掌握知识，并激发学生的学习兴趣和积极性。该类型的课件设计要求游戏的趣味性强、规则简单，同时要具有较强的知识性。

（3）个别化交互式学习型。这种类型的多媒体课件以一定的教学模式为基础，具有完整的知识结构，对教学过程进行模拟，并提供友好的人机交互界面帮助学习者自主学习，同时伴有相应的形成性练习和反馈机制帮助学习者进行自主学习评价，以改善学习效果。该类型的多媒体课件要求具有良好的导航系统，指导学习者逐层深入地学习教学内容，并能够随时寻求帮助，对需要的知识点进行检索。

（4）计算机模拟型。模拟学习的基本目的在于提供一种新的实验方法和手段或者提供虚拟实验环境，以帮助学习者实现学校现有条件下无法进行的实验，培养学习者的探索能力和分析问题、解决问题的能力。被模拟的对象可以是自然现象、社会现象，或训练问题、管理问题。这种类型的课件要进行大量的实验仪器、设备、工具和实验材料的图形仿真，并针对不同操作者设计不同的操作顺序、动作的协调和不同的量度等因素以生成不同的实验过程、结论和效果。模拟实验的更高层次是虚拟现实技术。

（5）操练复习型。这种类型的多媒体课件主要通过练习的形式来辅助教学。进行该类型课件设计时要保证具有一定比例的知识点覆盖率，并将练习和评测相结合，以便全面地提升学生的能力水平，同时给出一定的评价机制帮助学习者了解自己的学习状况。另外，知识点的难度设计需要逐层递增，并根据相应的难度等级设计反馈评价。

（二）多媒体日语教学课件制作的基本原则

1. 坚持课件的严肃性、学术性与趣味性相结合的原则

日语教学的目的在于通过学习日语的相关知识，如词汇、语法、语音、国情文化等，提高学生的日语水平和日语交际能力，使其在精神、审美、人格与品性等人文素质方面得以提升。动画、音响、美工固然是多媒体的优势艺术特性，但在课件制作过程中，如果一味地追求色彩的华丽、动画的特效、音响的陶醉，便会影响日语教学目的的实现，其结果只能是本末倒置。但也不能忽略多媒体的优势，因此应针对日语课堂的具体内容灵活地设计课件。

2. 有的放矢，重点突出

在课件制作的过程中，切记要做到因材施教。教师要根据具体的教学内容和学生掌握

知识的情况，有选择性地筛选材料。如在讲解某一篇章时，在演示材料中，应将关键的作品、人名、时间、地点等需要记住的内容以醒目的颜色作衬托，提示学生此为需要清楚记忆的重点。其中的色彩作为一种表现语言要设计适度，它的任务在于把学生的注意力引向所要表现的主题，而不是它本身，如果考虑不周全，容易产生喧宾夺主的效果。

3. 坚持文字的言简意赅

在日语课件制作过程中，一定要注意文字的简洁明了。日语课件制作的文字主要是外文，所以简洁问题显得尤为突出。文字简短，使人有一目了然的感觉，最好是以词组为单位，结构轻快清晰，既赋予学生足够的想象空间，又便于学生记忆。如果为表达意思的完整，而把整段整段的话都展示给学生，学生们疲于应付盲目增加给他们的信息量，结果就是不但学生没有记住具体的内容，连知识点也难以把握，更谈不上享受多媒体学习带来的乐趣。因此，文字的简练是制作课件的关键所在。

4. 与传统授课方法的适当结合

在制作课件和授课过程中，需要注意的是，多媒体教学尽管有其优越性，但也存在一定的局限性。教师全神贯注于计算机操作，学生全力以赴关注多媒体画面，这在某种程度上影响了教师与学生之间的直接交流，即学生对所学知识的反馈教师无法迅速把握，对教学的内容及状态难以做到及时调整。多媒体只是一种行之有效的教学手段，真正的教学魅力来自授课的教师。教师的生动讲述、准确表达是计算机代替不了的。就这一点而言，传统授课方法更具亲和力，同时它对发展学生的想象、思维能力更具优越性。因此，应将多媒体课件与传统的教学手段有机结合起来，以达到教学的最优组合。

（三）多媒体日语教学课件制作的关键技术

1. 课件开发平台

课件开发平台就是专为制作教学课件而设计的工具软件，其中包含了大量的标准程序模块。开发者在开发平台中调用某一功能，实质上就是调用了一个或几个程序模块，而调用该功能时进行的一些设置，实质上就是为这个程序模块设置一些参数，该程序模块根据这些参数实现相应的功能。目前，有很多多媒体教学课件制作工具，如 PowerPoint、Flash、Director 等，它们为多媒体课件的制作提供了开发平台。

2. 文字处理技术

文字处理技术就是利用计算机对中日语言进行的输入、切换、编辑、格式排版、打印和存储等处理。文字采用不当会影响多媒体课件教学效果的整体质量，因此在制作文字时应注意选择适当的中文环境，文字使用要规范、合理，以提高文字对教学内容的总体表达效果。

3. 图形图像处理技术

图形图像处理技术就是利用计算机对图形图像进行的截取、编辑、数字化、显示、压缩、解码、增强、锐化、复原、识别、存储等处理。图形常用于具有很高精读要求的表达形状、大小改变的画面。制作图形时应满足教学内容的表达要求，加强图形的艺术性和简洁性。图像是对物体辐射或反射的电磁波强度的连续多维信息的反映。在多媒体日语教学课件中，图像常用于表达具体的教学对象，能够增强教学的形象性。

4. 数字音频技术

数字音频技术就是将从话筒、光盘、录音机等渠道获取的声音进行数字化，以对其进行录音、压缩、编码、编辑、放大、降低、回放、混合等处理。在日语教学中，数字音频技术主要用于语音训练、听力训练和口语表达等内容。

5. 数字视频技术

数字视频技术就是将传统模拟录像设备上的模拟视频转换为实时采集的数字视频，并对这些数字视频进行编辑、增加特效、压缩编码、解压缩、传输、存储等处理。数字视频具有实时无损传输、随机存取、高比率压缩与解压缩等优点。由于数字视频内容来源丰富，在日语教学上的应用范围也很广，尤其适用于语境的教学。

第三节　Seminar 与日语教学实践

一、 Seminar 教学法在日语教学应用的理论基础

Seminar 较早应用到教学中，就是由语言学家海湟创办的语言学 Seminar。将 Seminar 应用到日语教学中，可以从语言学等方面探究其理论基础。

（一）日语教学方法和流派

日语教学要追溯到 20 世纪以前，当时只有少数的学生才会学日语，而东亚地区的汉字文化界，除了传道者和商贾以外，也没有使用过日语。日语的第一种教育方式是“传译法”，强调口语交际，忽视语言的意义，而对阅读和写作的关注较少。

20 世纪 20 年代，日本人对外语教育的理论进行了关注，引入了英国著名的帕玛（HaroldE. Palmer）提出的“口语教法”，旨在提高口语交际的水平，并在口语训练中牢记基础句式，而不对文法作进一步阐释。

20 世纪五十年代，“听说法”成为日语教学的主要内容，它注重了解本族人的口头表

达能力，尽量贴近语音，再到文法、句型，再到下意识的自发运用。通过口语训练，学生能够熟练地掌握所需的语言资料，并注重通过模仿、回答等重复的训练来熟练地运用所表达的各种常用表达，从而达到快速和不自觉的自我运用。

1984 年，美国詹姆斯 . 阿夏引进了一种名为《中国日语留学生学会》的《整合・自然・反馈式教学》。本教学方法基于儿童母语的教学和大脑生理原理，注重听力的培养，结合听、做结合，以达到更好的教学效果。

之后，又引入美国心理学家加蒂格诺（Caleb Gattegno）的“沉默教学法”，教师本身尽量不说话，而通过教具给予指示，学习者按照指示进行会话的练习等。教师要信任学习者的自律性和认知性作用，将学习活动交给学习者。

20 世纪八十年代引入“自然式”的优势在于它可以着重于充分的理解力和语言表达的技巧，提倡在情景下进行沟通，从而把精力放在传递的资讯上。其不足之处是，所获得的信息无法转换成所需的知识。

岛冈丘于 1984 年把英国语言学者威尔金斯（D. A. Wilkins）的“交流式”引进到日语中。基于功能和社会语言学的基本原理，强调学生的语言表达、思维的发展，强调学生的思维方式，强调语言的流利。

此外，“提示式”“仿真练习”“团体式英语”等在我国已得到了较好的运用。纵观日语教学法，大部分都是从欧美语言教学法中引进和运用，但欧美语言教学的方式主要有：语法翻译、直接法、听说法、认知法、交际法、全身反应法、任务型教学法、项目教学法、词汇法、沉默教学法等。

随着语言学、心理学、教育学等学科的深入发展，有关日语的研究也在逐步深入。结构主义、认知语言学、生成语言学、社会语言学、功能语言学等语言学理论对日语教育进行了不断的革新和发展

（二）日语教学法应遵循的原则

日语的教学有认知和交际两个方面的基本原理。由于对词汇的认识，从最初的词汇、语法和句型的认识，到最后都要运用到实际的语言活动中去。语言是组织、加工和传递信息的工具，因而把语言看作是一个存储着不同含义的知识的容器，把它们按特定的方式排列起来，从而有助于我们理解新的经验。日语教学中，指导学生运用所学到的语言知识，积极参加实际的交流和问题的解决，提高学生运用日语的熟练和恰当的运用能力。

要成为一个特定的语言团体成员，就需要具备一定的沟通技巧。这种学习不仅包括语音、词汇、语法以及其它的语言构造方面的知识，而且还包括了讲话人在运用和解读这些

语言时所必须具备的社会性和文化性。

Seminar 最早期用于教育的是语言学 Seminar，它是语言学家海湟创立的，它培育了很多经典的研究者，其中就有洪堡在哥廷根的 Seminar，洪堡深深地感受到了自主学习和不被打扰的乐趣，以及对科研的追求，以及将自主的教学理念带入柏林的校园，并由此产生了一种自己特有的教育观念。

将 Seminar 教学方法引入到日语教学中，使学习者充分利用了日语的实际和自然的语言情境，使其在英语教学中所体现的认识与交流的原理得到了实际的体现。通过这种教学，使学员能够获得良好的学习效果，同时也能获得良好的学习效果。

（三）Seminar 教学法与人本主义学习理论

1. 人本主义学习理论

罗杰斯是以人为本的教育思想的重要代表。他期望学校的教学能够以人文的方式，培育出能够满足社会变化需求的优秀的学生。他主张，培养学生的人格是学生的有效途径。教育的终极目标在于使人能够自由、自主、完整。要有自己的想法，有很好的适应性和性格。在教学实践中，学生要进行多种实践，培养独立人格，树立正确的认识，培养创新精神。而老师则是学习的引导者与推动者，鼓励学生体验、实践、合作与探究，培养学生的各种语言能力，对学生的尊敬与感情，营造民主、和谐、宽松的学习环境。

Seminar 的主要途径是：建立一个现实的问题环境；利用社区，同伴教学，小组学习，探究训练，程序教学，交友小组；教师与学生之间的自我评估与情感的联系。这些思想和塞米纳的教育方法是完全一致的。

2. Seminar 教学法与人本主义学习理论的契合

（1）建立现实问题环境，为学生创造大量的学习素材。为了让他们能够完全地参与到他们的学习中去，并让他们能够成为一个有责任和自由的人，那么他们就需要面对真正的问题。Seminar 的课程则是，以学生为中心，为学生提供书籍、杂志、多媒体等学习资源，安排学生共同学习所需的资源。

（2）运用学生契约，调动学生的积极性。学习的第一个动力就是对所学知识产生的好奇心，也就是一种内部动力。Seminar 教学是指在进行课堂教学时，要尽量地激励和保持学员的内部动力，使其产生积极的学习动力。

首先，在题目选定之后，同学们能够按照自己的爱好和观点，进行有效的搜寻，并能有自己的观点。在此基础上，就某个问题进行探讨，以促使学生进行自主的思考，从而达到最大限度地发挥发散式思维的深度和广度，从而增强学生的创造力。

在实践中，也要注重学生契约的运用。让学生自行选择自己的学业，让他们自行选择自己的研究方向和研究的内容，以及最终评估的标准。老师努力使他们能把长期的日语学习和短期的小的目的相融合，这样才能使他们在很长一段时间内都有很强的动力。

(3) 感情型的师生关系。学生的兴趣态度、动机和师生关系等是决定日语学习成效的重要原因。因此，在学生的情感、人际关系等方面应注意到学生在情感方面的作用，特别是情感方面的作用。

综上所述，日语教学方法、日语教学中的认识与交际原则、建构主义学习和人本学习理论为本课题的实施奠定了广阔的理论基础，并使 Seminar 教学具有持久的生命力，同时，它的语义建构也符合人类的认识和规律，具有动态的连续性，符合高校教学的培养目的，能充分发挥学生的积极性、主动性和创造性，可用来培养开拓型、实用型的人才，值得在高校教学中推广。

二、 Seminar 课教学结构研究

(一) 根据教材提出课题，引导学生自主探索

在 Seminar 课程的教学中，老师要依据课本的要求，对同学们进行课题的提问。老师可以运用 Seminar 的教学方式，安排课题，选择自己喜爱的章节，撰写阅读后的感想，并将其介绍给学生。题目不复杂，可以利用中文版本，读懂原文，学生选择自己喜爱的章节，参考老师所写的与题目有关的文章，写下自己的感觉，做好演讲和问题的解答。可以在课堂上插入图片，音乐，动画，视频等。如果有需要的话，还可以配上 PPT，以便出版。

在学习时间、地点和方式上，主动进行自我探索，在阅读课题之后，参考文献，搜集作品背景、作者夏目漱石生平、其他作品的简介等各个领域的知识，并按老师的要求，在指定的时间内写出自己的作品。

在这个时期，教师既要充当“指导者”又要充当“检查者”，才能保证教学的顺畅进行。在教学中，老师不仅要引导同学们准备课题内容，制作 PPT，同时也要精心安排教学过程。有必要建立一些校验系统，让同学们时刻注意复习的进度和学习的品质。此外，作为指导老师的老师也要成为本学科的深度“研究者”，要从宏观、高层次的视角来对其进行前瞻性的分析，这就需要教师在教学过程中不断地提升自身的专业素养和思考能力。

(二) 学生进行个人发表

由老师或学生主持对课堂的教学进行简要的说明后，由三位同学依次上台演讲，同学

自行撰写并配以PPT作演讲，并以适当的形式呈现，如图片、视频、音频等。如果能以日语形式出版，那就更能显示出同学们对教材的了解，也能磨练勇气和自信。

个人发布的内容，是学生在自主探索的早期阶段所取得的成绩，既能看到学生的准备过程，也能看到他们的口语表达。在完成后，可以随时向老师或同学提出问题。而其他学生则会认真的听着，记下自己的笔记，记录下讲者有什么不合适的，自己有什么不明白的。接着进行问答，发表不同的观点，进行交流。

（三）学生相互提问，进行课堂讨论

发表完了自己的作品，学生们就会对发表人进行问题的询问，或是发表自己的意见，或是补充，或是回答问题，或是说明问题。学生们在课堂上敢于发表自己的观点，并积极参加到课堂上的讨论中去，这是一个自主的思维活动，有利于提高他们的思维和问题的意识。

老师要让学生发问，在提出问题时要重视“三味”即“趣味”，问题要有兴趣，才能激发大家的学习热情。二是“异味”，只要提问的问题能突破常规思路清晰，能发现别人发现不了的问题。三是“品味”，只要提出的问题可以引起人们的深度反思，那么它的意义就很大了。

在这种情况下，老师可以作为“参与者”来解答所需要的问题。或者作为“挑战者”，可以突破学生的固有思想，扩大他们的交流空间。营造民主活泼的课堂氛围。当然，要视困难的情况而定，要多引导同学以日语发表和讨论。比较困难的词语可以作为参考和讨论的对象。

三、 Seminar教学法应用于日语教学的思考

Seminar的授课方式以精心的预习为先决条件，以热情、有秩序的发言与研讨为主，严格的评估评估为保证。这样可以从某种意义上促进学生的自主学习，并形成使用词典、网络资源和课外书籍的使用；通过对日语的分类、整合、归纳等一系列的行动，让同学们自觉地去了解和理解日语，并将他们的想法归纳出来，呈现在所有人面前；通过自我发表、倾听、提问、讨论、辩论等形式，可以逐渐提高学生的思维广度、厚度、坡度和深度，形成互动的立体式思维方式，并使其具备综合的思维和对问题的掌握；在日语的使用上，训练了学生的语言交流技巧，在日语的课堂上是很有实用价值的。

（一）要充分发挥教师的主导作用

在Seminar课堂的实际操作中，老师的“主导”角色有时会超出学生“主体”的位

置，从而使学生被迫去做老师交代的事情，而老师不去监管，则导致学生的学业表现下滑。因此，要尽可能地让孩子们有自主的选择权，让他们主动地学习。体现在以下两个方面。

第一，选择主题，减少教学内容的难度。老师要全面掌握教材的内容，将其划分成相对独立的部分，并按照不同的学生水平提取出各自的核心知识，并在课堂上明确讨论的焦点，寻找合适的教材，设置难度中等的课程，并根据不同的学员情况，进行不同的分组，分配不同的任务。因此，老师在选择题目时，可以将日本和汉语相融合。此外，尽量选取学生所喜欢的主题，并为其准备必要的资料，以鼓励他们从不同角度出发，调动运用学生的思维，进行归纳和总结，从而增强学生的整体素质。

第二，要不断提升自己的专业素质，提升自己的班级控制水平。Seminar 教学对教师的整体素质提出了更高的需求。首先，因为学生的知识已经不仅仅限于课本了，更多地扩展到了网络、图书馆，老师们经常会遇到一些问题，有时也会被打个措手不及。同时还要做好演讲的总结和评论，因此，对老师的知识要有很大的涉猎，要有持续的提升自己的职业素质和思考的水平。此外，在整个教学过程中，老师要发挥主导、辅助和控制气氛的功能，因而要加强课堂的组织与协作。在课堂中，教师若没有合理地进行有效的组织，将会导致有限的课堂教学活动无法得到有效的运用，进而降低课堂的学习效果。

（二）要保证学生的学习主体地位

由于学生日语学习自主性较差，养成了对老师的依赖性。在老师交办的任务中，学生们不知道该从哪里开始，采取什么样的方式进行自学。要确保学生在课堂上的主体性，就必须进行自我调控，避免学生的依赖性。老师的角色不在于干涉，而在于为学生的教学活动提供必需的学习资料，以指导、启发和利用知识来实现自己的需要。只有通过个人实践才能使他们得到发展，才能从学生的直接经历中得到需要的东西。老师要做好“看守者”与“助手”，让学生自己去体会。即便不能一蹴而就，也可以逐步摆脱。

（三）要确保课前自主探究过程的全面开展

一些自觉性差的学生，在课堂上往往拒绝主动探索。但由于缺乏足够的预习，在课堂中不能参加讨论和发言，因而丧失了 Seminar 课程的作用。为了避免这样的问题，可以采取下列措施。

第一，要有足够的教学材料。教师可以借助日语文献资料和网上资料，为同学提供专题研究的指导，以方便同学在预习阶段透过参考书、字典查阅资料，亦可透过电脑、手机查阅资料，下载文本资料、影像资料、微课件等网路资料。

第二，建立监督体系，及时监督和掌握学员的学习情况。可以通过设计表格，让同学们在课堂上完成课之前阅读的书籍、网络学习材料，并把自己的兴趣部分简短地记录在课堂上，或者与老师、同学进行课前的交流。老师要经常进行随机检测，把学生的预习资料录入最终评估表格。

第三种是可以进行一对一的合作。老师可以按学生的个性、兴趣、日语成绩、学习能力、纪律状况等因素，把学生分为不同水平的小组，促进学生的共同学习，相互监督，从而使他们的学习能够圆满地进行。

因此，在课堂上，教师必须充分发挥学生的积极性，使他们能够根据老师的要求，积极、高品质地进行相关的教材的研究。因此，老师要主动地进行教学，营造一个良好的学习环境，根据不同的背景、兴趣和需要，培养他们的求知欲，克服嬉戏心理，肯下功夫，肯吃苦，增强团队精神，做好课堂的前期工作。

第四节　互联网与日语教学实践

一、互联网辅助下的日语教学的独特性

（一）教学主体的去中心化

教学主体是日语教学的承担者、发动者和实施者。教学主体在传统的日语教学过程中具有明显的主体性特征，对日语教学的内容、方向、目标、过程、方法和结果都具有较强的控制性和掌握性，在日语教学系统中具有十分重要的作用并占据中心地位。但是，随着互联网的出现和发展，网络环境下信息极度开放，信息获取机会日益平等，使互联网日语教学者的信息占有优势逐渐丧失，过去“不对称”的信息占有状况和信息获取渠道被网络的开放性、平等性打破，教学主体已经不能独占日语教学的“话语权”，其中心地位逐渐丧失。

（二）教学客体的自主性

与教学主体地位去中心化同时发生改变的，还有教学客体自主性的增强。教学主体的权威性和中心地位的逐渐流失，其实是网络环境下人们主体性扩展在互联网辅助日语教学中的表现，相对于教学主体地位的去中心化，教学客体则表现出更多的主导权，自主性增强。教育客体也就是学生自主性的增强表现在：自由选择是否接受教育、自由选择教学内容和信息、自主选择教学方式方法、主动控制教学过程节奏等方面。

（三）教学载体的技术性

当互联网成为日语教学的载体时，网络自身所具有的信息技术性必然使日语教学的载体具备这样的特征，并伴随着教学内容、教学主客体、教学方式的变化。互联网日语教学是以计算机技术、多媒体技术、网络技术、通信技术、视音频技术、动画技术以及虚拟现实技术等为支撑的。利用这些技术可以自主交换和传输包括文字、数据、声音、图形、图像、动画等形态在内的日语教学信息，彻底突破传统教学方法的限制，从而极大地提高日语教学的效果。从这个层面上看，技术性不断增强的教学载体是互联网辅助日语教学最为基础的实现条件。

二、互联网为日语教学带来的机遇与挑战

（一）互联网为日语教学带来的机遇

1. 互联网创新了日语教学的模式

互联网集文字、图像、声音、动画等媒体信息于一身，充分调动了用户的多种感官，具有极强的感染能力。它所提供的视觉环境、听觉环境、触觉环境、心理环境、交际环境、情境认知环境等，符合学生身心发展的规律，能够刺激学生的求知欲，极大地激发学生的想象力，调动学生的自觉性与参与性，促进学生的全面发展。在互联网辅助日语教学时，可充分利用网络所具有的交互性、自由性、多样性等优势，让学生参与到日语教学中来，进行有选择性的、自主性的日语学习。同时网络信息的可复制性、共享性、实时性，能够使学生与学生之间、学生与教师之间的交互增强，有利于知识的传递、人员之间的交往。

2. 互联网拓宽了日语教学的手段

互联网作为一种全新的传播技术与信息交流通信的工具，它所具有的优势如信息传输的及时性、传输的信息数据大、交互性强、覆盖面广、表现形式多样等，明显要优于传统的广播、电视、杂志、报纸、图书等传播手段。可以说，互联网能够为日语教学的创新提供新的理念、内容与手段。在网络时代，学生的日语教育可以融入网络的各种形式当中，学生通过网络这一传播媒体，能快捷、迅速地了解自己所需要了解的内容。利用互联网这一平台，能够使日语教学环境由封闭走向开放，教师与学生之间可以进行实时的、无障碍的、平等的交流，这样大大提高了日语教学的实效性。

此外，网络课堂、网上论坛、电子信箱、视频热线等，都是学生乐于接受的交流形式。如果充分利用网络的这些特点和优势，把日语教学的形式和内容设计得多种多样、丰

富多彩、生动活泼，无疑会大大提高日语教学的影响力、辐射力、吸引力和感染力。

3. 互联网突破了日语教学的时空界限

传统的日语教学总是受到时空的限制，学生必须集中在同一地点、同一时间接受同一主题内容的教育。这种方式没有顾及学生的语言基础、接受能力以及性格特征的差异，采取的是“齐步走”的模式，这也从根本上违背了教育规律，结果必然使教学效果大打折扣。而互联网却能够解决这一难题。

互联网络是开放的、自由的，它打破了原有的界限，使原有的相对固定的教育对象和教育场所变成了社会性的、开放性的、立体式的教育空间，不同学校、不同年级的学生都可以在网上与教育者进行交流，这在一定意义上克服了传统日语教学的弱点。此外，互联网的交互性可以使日语教师及时了解学生的需要和学习动态，有针对性地对学生进行引导，大大提高日语教学的效果。

（二）互联网为日语教学带来的挑战

在网络化教学环境中，挑战与机遇并存，消极性与积极性共生。日语教学如果不能正视和回应网络社会出现的这些挑战，就不能很好地把握机遇。

1. 对教师权威性的挑战

在传统的日语教学情境中，教师会因为具有其身份和具有完备的知识结构而具有一定的权威性。在互联网教学情境中，由于互联网所体现的平等性、自由性等优势，对教师的权威提出了挑战。在传统的教学环境中，教师的身份地位权威是由教师神圣的职责决定的；而在网络教学环境中，教师与学生都以属于各自的数学符号而平等存在，师生之间的关系不存在上下级之说，这就导致教师身份权威的下降。

在传统的教学环境中，教师是学生所接受知识的掌控者，教师的知识结构、知识范围和知识层次对于学生来说具有很高的知识权威；而在网络教学环境中，信息传播形式多样化，信息传播及时，还能实现资源共享。在信息化校园时代，个人或任意的群体都可以以很小的成本获取和处理自己所需的相关信息。因而就对教师的知识权威提出了挑战。

2. 对教学方式与内容的挑战

传统日语教学主要采取以教师为中心的讲授式教学，这种形式强调的重点是把知识灌输给学生，课堂教学比较注重知识体系的完整性和逻辑性，但缺乏教学的生动性、形象性和灵活性，往往使学生感到枯燥无味。而在声色兼备、图文并茂、声情融汇的互联网教学环境里，学生面临着多元的信息选择，呈现出一种更少依赖性、更多自主性的特点与趋势。在这种局势下，学生更趋向于依靠自身的认识与理解对事物进行一系列的分析、辨别和判断。因此，传统日语的教学方式面临着挑战。

教师在对学生进行日语教学时往往是以几本教材和参考书作为内容蓝本，教学内容相对空泛，缺少当代特色。而互联网更新速度快，有关日语的词汇、社会文化、国情实事等内容不断更新，这就要求日语教学无论是课堂教学还是课外活动，都需要在动态变化中不断实现内容更新，紧跟日本节化的发展，使教学内容更加丰富、全面，在创新中寻求更具时代意义的突破。

3. 对学生自身的挑战

网络虽然能使不同地域、不同国家的人进行交流，扩大了人与人之间的交际范围，缩短了人与人之间的距离，但是网络上人与之间的交流存在着一定的虚拟性，是通过机器进行的交流，即“人—机—人”的交流形式。这种由计算机作为交流中介的交流形式与现实生活中进行的交流形式具有明显的差别，它明显淡化了交流双方的各种社会属性，因而带有“去社会化”的特征。具体来说，这种交流形式通过数字符号使交流双方建立联系，双方之间缺少真实的交流感觉，更谈不上身体语言的沟通。学生习惯于在网络上通过文字、图片的形式表达自己的思想，缺少与人面对面地进行真实环境下的交流，这就限制了学生口语能力的发展，势必会对学生的社会交往与交流能力的发展造成影响。

此外，为了吸引用户，互联网传播的信息往往具有高度的图像化。高度图像化的信息往往使学生更倾向于用“看”的方式进行学习，淡化了传统“想”的方式，就容易导致学生忽略对信息的思考，忽略对信息本质的探索与追寻。在这种情况下，学生往往过多地依赖所看到的信息，不认真加以思考而直接到网上寻找答案，而且对所得答案盲目轻信，这在一定程度上妨碍了学生整体素质的提高。

四、互联网辅助日语教学的路径

（一）建构综合的校园网

校园网是一种建构在多媒体技术、现代通信网络技术之上，为学校学习活动、教学活动、科研活动、管理活动服务的校园内局域网络环境。

校园网可实现校内与校外之间的通信，提供诸如电子邮件、远程教育、远程访问、网络会议、专题研讨、信息搜集、信息发布、文献浏览、问题交流等信息服务。

通过校园网提供的信息化教学环境，教师能够快捷地查询和浏览所需的信息资源，借鉴其中的有用资源进行教学设计和专题研究工作，以不断充实自身的文化知识，满足学生对知识的渴求。教师可以充分利用网络的优势进行教学，可通过网络利用多媒体教学课件讲授教学内容，学生利用多媒体视听设备进行学习，也可以通过网络为学生布置作业，考查学生学习情况，及时了解学生存在的问题并提出有针对性的解决策略。此外，还可精选优秀教师的教授课程，以及制作优秀的教学课件，将其放置在网络资源平台上，实现资源共享，供其他教师学习和借鉴，从而整体提高教师的综合素质，全面提高教学质量。

校园网是由网络硬件系统、网络软件系统和网络信息资源三部分构成的综合网络信息系统。网络硬件系统主要由服务器、用户终端、相关的通信设备和器材组成，它的主要任务是为校园网提供信息存储、传输与使用的载体。

网络软件系统主要由网络操作系统、网络管理系统和网络应用系统相应的软件组成，它的主要任务是对校园网硬件系统进行管理与对信息资源进行处理。网络信息资源也可称为信息资源库，是基于网络的关于教学理论、教学活动、教育科研等的数字化资源的综合。网络信息资源是整个校园网的核心。

在设计校园网时，应以扎实的硬件系统为基础，以不断扩展网络信息资源的理念为主导思想，既要重视以最低的成本建设网络的硬件系统，更要重视网络信息资源的建设。以过硬的硬件系统和全面的软件系统为教学工作顺利开展提供条件。

（二）建立一支高素质的网络日语教学队伍

培养造就一支高素质的网络日语教学队伍，是做好网络日语教学工作的先决条件和重要组织保障。因此，要开展网络日语教学，当务之急是建立一支既有较高的日语专业知识、懂得语言教学规律，又具有较全面的网络应用技术，对网络文化了解深入，并能自觉把网络技术应用于日语教学实践，在网上开展日语教学的队伍。

建立一支高素质的网络日语教学队伍，一方面要求日语教学工作者具有扎实的日语专业知识和大量的辅助知识，如教育学、传播学、法学、经济学、管理学、心理学、历史学等方面的知识；另一方面要掌握较高的计算机技术、网络通信技术、多媒体技术等，并能够熟练地将这些技术应用到日语网络教学之中，及时解决来自教学和来自网络技术等方面的问题。只有将上述所说的各项知识与技能充分结合起来，才能有效地利用网络展开日语教学，在学生心中建立教师权威。

（三）开展平等互动的日语网络课程

目前计算机和网络日益普及，无论单位、社区还是学校都为点击和开设网络课程创造了物质条件。网络课程可以根据形势定期或不定期推出新的讲课内容，介绍相关的日语书籍、期刊和著名网站，介绍理论热点和动态、研究的思路和方法等；网络课程可以具备完善的教学条件，为受教育者设计一位或多位符合其审美标准的虚拟教师形象。网络课程突破了传统教学的教学周期课时限制、空间限制等因素，通过为受教育者提供各种信息资源，大大扩展了教学内容，使受教育者能从自己感兴趣的方向展开学习，提高了学习兴趣，更加具有针对性和时效性。

网络课程的开发要注意教学内容的选择，要充分与网络的特性相结合，选用与之相匹配的媒体形式，如对于日本的历史可通过视频的形式进行介绍，对于日语语音可通过音频的形式进行讲解。在同一个网络课程系统下，可设置多个网络课程模式供学生选择，以针对不同学生设计不同教学的路径。

网络课程系统除了进行日语教学外，还可对教学后的知识进行测试。学生学完一课的内容后，可直接进入学习效果测试模块，进行相关选择题、对错题、简答题等形式的测验。还可提供题库管理系统，对学生的测试情况进行记录，收集错题，以便进行知识的巩固，对下一步学习提出建议。

网络课程的教学模式分为两种：同步模式与异步模式。同步模式是教师与学生不在同一地点，但在同一时间进行日语教学与学习的模式。在这种模式下，教师与学生之间可以产生互动。在进行教学活动之前，教师要对所要讲授的内容进行选择、组织，将组织好的内容通过计算机将其转换为多媒体信息的形式，如文本、图形、声音、动画等，并将这些数字信息上传到网络服务器上。教学过程中，教师通过网络对这些内容进行展示与讲解，学生实时接收信息，并做出反馈与评价。

异步模式是教师与学生不在同一时间、同一地点进行日语教学与学习的模式。教师事先通过摄像机把所要教的内容录下来传到网络服务器上，学生根据需要对这些内容进行下载与学习。当学生遇到问题时，可以通过向教师发送电子邮件、利用实时通信软件如微信、QQ 等与教师进行交流；也可以在电子公告牌、网站留言板、专题讨论组上与其他学生或教师进行讨论分析。运用异步模式，可以随时随地开展教学活动，学生可根据自身的学习情况自主分配时间进行学习。但是，这种模式缺乏实时性，遇到问题不能及时解决，对服务器和用户终端也有一定的要求，需要实时联网，并要提供相关的教学材料。

第七章　跨文化日语教学策略

第一节　日语知识教学策略

一、语音教学策略

（一）日语语音教学概述

语音教学是外语教学的起始。各种语言都有其特殊的语音体系，对语音的研究从属于语言学领域。而语音教学过程是教育学和心理学的研究范畴，因为在语音教学中涉及一系列生理、心理方面的问题，如言语听觉、言语视觉、言语动觉等，还涉及其他影响语音教学效果的要素。根据中国学习者语音学习的心理特点和日语语音的本质特征，以及汉日语言中语音的差异，探讨语音教学方法是语音教学研究的重要课题。

（二）日语语音教学策略

语音的教学虽然属于知识体系，但是语音教学很重要的一个内容是要让学生掌握发音部位、气流、节拍等的发音要领，重在学生体验、感受，与概念、理解的相关性不大，属于运动技能性学习就言语技能来说，语音学习主要涉及说、写、听三个方面的技能。所以，教学中要注重对语音的认知或知觉、在知识结构内的联系形成和语音技能自动化三个方面能力的培养，这也是运动技能学习的三个阶段。

1. 发音教学重视模仿

语音教学中的模仿又分为直接模仿和分析模仿两种。

（1）直接模仿：不需要任何解释的模仿。模仿的材料可以是教师示范，也可以是录音机或录像带、语音教学软件等。指导模仿教学时，教师可以采用以下教学方法。

①选择准确、清晰的发音模仿参照物，如录音带、唱片、录像带、发音部位指示图等。

②创设安静的听音环境，要保证将影响听的干扰因素降到最小。

③引导同学提前备好各种工具，例如小镜子：用来观看口型的改变，学习口型的正确与否。

④在练习时借助于录音机等，录下学生的朗读或默读的发音，通过复听，帮助学生了解自己的语音与标准发音的差距。

⑤在长短音发音训练时，特别是关于促音与拨音的韵律，可以参考学习日语中的“击掌、打拍子”方法，使学员更好地感受到乐声的节律。

⑥寻找错误发音，即通过课堂发音提问，让学生互相找出发音错误，以提高自我对正确语音的认识、感知，提高主动辩别语音的意识。

⑦指导学生时要坚决杜绝用汉字标示日语语音的发音。

（2）分析模仿：它是用汉语中没有的，听不懂的音节，用文字解释的方式来解释它的读音规律，并在解释的过程中，用模拟的方式解释它的规律，例如促音和拨音的发音规律。

分析模仿主要从日语语音的特点和汉语与日语语音的差异出发，通过比较和分析以及对发音规则的分类记忆，增强学生发音的准确性，提高发音的自信心。指导分析模仿教学时，教师可以采用以下教学方法。

①以准确发音为目标。分析模仿的目的是准确发音，所以不必要求学生记忆关于口型、舌位等的理论说明，只要能按照指示找准口型舌位，控制气流声带，尝试发音，并记住发这个音时的发音器官的运动方式即可。

②提高学生练习分析模仿发音的自觉性。在课堂教学中，教师尽可能地兼顾到每个学习者的发音情况，但是也有可能照顾不到，或者学生正确发音的稳定性还没形成，一会儿正确，一会儿有误，因此，教师要指导学生有自觉学习的意识，对照发音规则反复练习。

2. 识记假名教学重在认读、书写

日语假名数量多，不仅包括五十音图，还包括浊音、拨音、促音等。所以，在识记假名时，可以采取认读、书写训练等教学方法，提高学生对假名的熟悉程度，使语音教学的听、说、读写等口语、笔语训练互相配合，互相促进，提高学生识记效果。在认读和书写练习时，教师要关注练习的技巧和形式。

（1）认读的指导。在日语语音的认读练习中，既要对单个假名按照行、段进行训练，还要通过单词、词组和句子的认读来提高对假名的熟练程

度，不断纠正错误，提高准确性。同时，还要注意选择合适的练习材料有效练习，为达到纯熟掌握语音奠定基础。

①按程序练习认读。在感觉阶段主要注重听发音和看口型；在尝试阶段要大胆模仿；

在熟悉阶段把听、说、读、写的训练都融合到学习活动中；在别阶段要在词汇或句子中迅速认读假名，以及识别近似发音。简单地说，认读程序为“先听，再说，最后写”。

②利用教学软件练习认读。多媒体是语音教学的有效工具，目前我国公开出版发行的日语语音学习软件，集听、说、读、写为一体，既有听音测试，又有辩别选择性练习，可以作为教学辅助手段使用。

③指导互动式学习。互动式学习不仅指教师和学生间互动，还包括学生和学生间的互动，如同桌间的互相测试、互相纠错等。通过多种形式的互动练习，能激发学生的学习热情，营造一个好的学习气氛，增强他们的记忆力。

④利用教具（如假名卡片、单词卡片、挂图等）指导学习。教师可以用纸板制作假名卡片，课堂上随意抽取卡片，组织学生快速认读，以提高学生对假名的熟练程度。

（2）书写的指导。在语音的书写指导上，可以采取如下的练习方式：抄写假名；抄写假名形式的单词或句子；分别按照“五十音图”的行和段默写假名；听写假名以及以假名形式的单词和句子。

①最初的书写练习最好是使用田字格本或大字块描红本，尽可能让学生将假名书写得规范、整洁。

②在指导假名书写时，要从笔顺入手。书写假名时，教师要提示学生记忆并练习书写笔顺，描红或者用手指比画练习皆可。

③注意区分日语假名与汉语草书汉字。

（3）朗读指导。关于词汇或句子的练习，可以采用如下方式：朗读词汇或句子；就学习过的词汇或句子互相朗读问答；看卡片进行朗读回答训练等。

①提高速度。朗读是对假名的熟悉过程，如果朗读速度慢，思考的时间就长，因此在朗读时要有意识地督促学生提高速度，增强认读时的注意力，使神经处于高度兴奋状态，这会有效地提高熟练度。

②朗读日语绕口令。绕口令通常是由发音比较接近的假名构成的。朗读绕口令一方面可以增强对假名的熟悉程度，另一方面可以训练口腔内部运动器官对日语语音发音的熟练程度，提高语音感觉。

③把朗读训练和思维训练结合起来。通常语言的学习会影响思维能力，对这一能力的训练可以从语音开始，即练习用日语思考，头脑中反应日语的文字或语言结构。

3. 分辨语音的教学

听觉训练的目的首先是能准确地进行模仿，模仿完成后的听觉训练关键是辨别语音。辩音训练可以采用多种方式，如朗读式辩音、听写式辩音和听说式辩音等。

①辨音训练的材料要形式多样。可以提供男、女、老、幼的发音让学生交替辨听，使学生逐渐适应不同音强、音高和音色的发音。

②有侧重地进行辨音练习。听觉训练要参考日语长短音、清浊音、促音与平音、拨音与非拨音的语音特点，适当选取练习题目。

③辨音训练与书写训练和朗读训练相结合。听觉能力训练可以结合知觉阶段的直接模仿训练和练习阶段的书写能力训练进行。

语音的练习是在模仿基础上的训练，对比较难以掌握的语音学习还要强调分析模仿，即掌握了语言规则后再进行训练。这样一方面可以增强发音时的自信心，另一方面对于学生课后独立练习也有指导作用。特别是对于具备一定的学习经验或学习策略的学习者来说，由于个人的思维和认知能力已经发展到一定程度，如果过分强调模仿的作用，反复进行非理性、机械的发音练习，会使学习积极性受到压抑，导致排斥学习。

二、词汇教学策略

（一）日语词汇教学概述

词汇是构成语言的最小独立单位，与语音、语法共同构成语言的三要素。声是词汇的实体，而形是单词的拼写或书写方式，它是一种语音的书面表达方式。

关于词汇在日语教学中的地位问题，目前还有很多争论。有观点认为语言教学应该以句子为基本单位，不必孤立地教授词汇；还有观点认为，只要记住单词并懂得语法就算掌握了语言。

我们相信，任何一种语言能力的培养都离不开特定的语言素材，而在累积的过程中，词汇的累积是必不可少的。因此在日语教学中，词汇教学还是占据重要地位的。如何帮助学生记忆词汇、准确理解词汇意义、把握词汇概念等，是词汇教学的关键，也是词汇教学中的难点和重点。

（二）日语词汇教学策略

1. 揭示词义策略

有些日语词汇粗看上去与汉语字词的意义相同，而实际上日汉语词汇所表达意义的内涵和外延不同。

要想准确地了解一个词的意义，必须依据它的特征，分别运用翻译、直观释义、构词分析、同义词、反义词、上下文等手段，对词义概念的内涵、外延充分掌握，从而把握词汇的准确意义。揭示词义教学策略如下：

（1）直观释义或对译。在日语的初学者中，主要采用直观释义或对译法来显示其语义。直观释义是指通过使用图像或展示的东西对词语的含义进行阐释。具体方法如下。

①触景生情。指导学生有意识地强化直观释义训练，观察身边事物，主动用日语词汇表达。

②应用限制。建议在初级入门阶段采用直观释义和对译方法，当词汇掌握到一定数量就不要浪费时间去图示解意，要逐渐过渡到用日语揭示词义。因为随着所学的词汇抽象性增强，难以用图示来表现，硬要表现也难以达到第二信号转换的形成，所以对中高级的日语教学来说，最好谨慎采用此策略。

（2）日语释义。语言教学到一定程度，学生已经掌握一定的词汇量和语法规则后，教学中对词汇的释义要逐渐过渡到用日语去揭示词义的训练。

①工具书的运用。最初建议采用对词汇的解释比较简洁易懂的日文原版辞典，如《小学馆国语辞典》《简明国语辞典》《为外国人编写的日语辞典》等。

高级程度的日语词汇学习要使用逐渐提高难度水平和语言解释完整详细的工具书，建议采用《详解国语辞典 X《新明解国语辞典》《广辞苑》等。

②对日语释义的认识。原始工具书用起来比较缓慢，有些人觉得太浪费时间了，于是就采取了一种简便的方法——查阅汉日词典。在阅读理解、日语思考和培养日语语感的过程中都有很大的作用，因此，在阅读理解上应尽可能多地运用日语的日语释义。

③对释义内容的查找。在查找词汇时，由于不理解日语说明部分的词汇，造成误解的情况也时有发生。因此，对于解词中出现的生词也要认真查找。目前一些电子辞典已经包含了词语联查（不同辞典对同一单词的注释）、追加查找（对注释中出现的生词的追加查找）等功能，方便了日语学习者的学习。

④日语释义教学开始时间。通常在学习完第一、二册书以后，对于一些名词就可以采用日语释义策略教学。学习完第三、四册书以后，对于动词、副词、接续词也要开始采用这一策略。特别是在比较同义词、近义词时更是要反复对照日语注释和例句来体会。

2. 记忆词汇

（1）意向识记。意向识记，是指识记的效果受识记有无意向和意向状况的制约，简单地说就是做好记忆前的准备。通常有具体意向的识记效果高于笼统意向的识记，因此首先在记忆词汇之前要明确记忆目标，做好记忆计划。

①明确记忆目标内容乃至于具体要采用的方法。

②提高学生参与度，保持强烈的记忆欲望和对记忆内容的兴趣，有决心和信心完全记住需要记忆的词汇。

③限时记忆，增强记忆的紧迫感。课堂教学中组织学生将需要记忆的词汇划分成一个个小的目标，如第一遍记忆词汇的意义，第二遍记忆词汇的假名和当用汉字，第三遍记忆词汇的短语以及相关词组，最后提高记忆的准确率。通过积极训练，可以提高记忆效率。

④在词汇记忆时要始终保持长远记忆这个目标，不是为了应付考试或临时的任务才去记忆。这样，才能记忆得更久远些。

（2）特征记忆。特征记忆，是指通过对比、类比，指导学生感知词汇的特征所在。这是记忆词汇的第一道关口，把握不好则会印象模糊，记忆不清。

①先整体后局部，再看细节。通过词汇的特征来记忆词汇，可以摆脱机械性重复记忆不能达到长时记忆的端，这对记忆音节较长的词汇尤为有效。

②短语识记。教科书中讲解重点词汇通常是以例句提供语境，帮助学生理解词汇使用场合。但是，例句较长，可以提供语境却不利于记忆，只会加重词汇学习的负担。

通过短语、词组学习生词，既可理解词义又可运用词汇，一举两得。例如，动词的学习，考虑到作为黏着语的日语依附助词的特点，根据动词意义给出短语搭配就是较好的动词学习法。但是在选择与生词搭配，构成短语的词汇时，应注意以“典型、浅显、生动”为原则。否则，只会为词汇的学习增加难度，不利于对生词的理解记忆。

（3）材料加工记忆。材料加工就是归类整理需要记忆的词汇，通过分组、重新组块，找出新旧词汇的内在联系或差异，加深学生对词汇的理解和记忆。

①归类组织。按照词汇的特征或类别进行整理归类的记忆策略。这种记忆策略有助于学习者将新学到的知识与旧知识相互联系，构成一个整体，形成一种结构。按照心理学研究结果，在归类记忆时，分类水平越高，记忆效果越好。如果分成的组数和每组词汇的个数控制在短时记忆容量内的 5~9 个项目，更有利于记忆。

按照归类策略记忆的词汇，回忆时浮现率较高，而且在归类过程中，思维能力也得到训练。在词汇教学中，教师可以通过对近义词、反义词、同义词的归类，开发学生思维，增进学生对词汇的记忆和理解。

②组块记忆。为了扩大记忆内容的信息量，在日语教学到一定阶段时可以采用组块的方法，尽可能把已知的单独的事物组合为更大的区块，区块的大小愈大，则可储存更多的资讯。在短时记忆能力为 7±2 个片段的基础上，在材料的选择上要注意，按一次识记一般不要超过 7 个组块的原则去划分识记单元为最佳。

（4）感官协同记忆。识记外语的第一步就是感觉记忆。人的感觉如视觉、听觉、触觉、嗅觉和味觉都是通过不同的通道进入短时记忆的。如果充分利用每一个通道，进行记忆，在可以有效排除干扰的同时，增强记忆方面的刺激，方便应用时的提取。

记忆日语词汇，除了强调眼看、耳听、手写、口念、脑思等多种感官并用外，还特别强调浮想记忆，即背诵完词汇以后，合上书本，努力回忆自己记忆过的内容，在回忆过程中尽量不去翻书本，回忆活动结束后再打开书本，确认自己的回忆是否准确，有无失误或遗漏。这种回忆记忆法也是突击背诵的好方法。

对于抽象、枯燥的词汇采用联想记忆的方法，赋予其生动的意义，从语音、语义的角度对词汇展开丰富的联想，有助于帮助学生记忆词汇。

3. 保持记忆

教学必须重视对学生记忆的保持，通过复述、过渡学习、复习、回忆等方式，与遗忘做斗争。

（1）复述策略。复述可以包括两大部分：一是对词汇读音的复述，可以通过朗读等方式进行；二是对语义的复述，主要是针对用日语释义词汇的释义部分的复述和对由新词构成的词组的复述复述策略的运用能力是随着年龄的增大而增大的，教师要督促学生提高主动复述意识，尽快习惯于复述的训练，在巩固记忆的同时，提高运用日语表达的水平。

①经常复述，培养复述习惯。

②通过多种方式提高复述能力。复述的方法有很多，如复述新单词构成的短语；复述新单词构成的短句；复述教师用日语对重要词汇的词义解释中的关键词或句子；用自己的话复述辞典对词汇词义的注释等。

③重点复述。不断提高复述的准确度和精确度的同时，在复述中注意抓重点、中心，逐步从机械性复述过渡到具有选择性地重点复述。

（2）过渡学习策略。

过渡学习是指在能够背诵或记住的情况下进行更深入的研究。但由于过渡阶段的持续学习次数较多，维持的结果不尽如人意，重复的次数越多，维持的程度越低，就越会造成时间和精力的消耗。

（3）复习策略。

根据艾宾浩斯的记忆曲线，20 分钟的记忆丢失率为 42%，之后的记忆会减缓，2 天之后，记忆的改变不会很大。由于遗忘过程由早到晚，由多到少，所以可以采取适时的回顾和分散的学习方法来加强记忆。

①要适时温习。适时的温习就是要抓紧时间，在今天温习一刻分钟要好于一周后再温习一个小时。记住词汇要适时温习，同时也要注意“及时复习”与“即时复习”不同，比如在课堂结束后要进行背诵和温习。通常情况下，在你临睡之前一刻钟温习你今天所学的主要知识是最有效的。

②分散复习。艾宾浩斯的遗忘曲线理论表明，即使在适当的时间内，也会忘记，所以要定期地进行。有些人使用一种学习外文词典的方式来背诵单词，记住就一张一张地被撕下，这不符合科学性，因为那时候记住了，并不意味着以后再也不会忘了。

有调查显示，在有规律的情况下，分散式的学习比集中式的学习要好得多。在进行复习的同时，可以逐渐延长 fixing 的间隔，并将每一次的练习时间逐渐减少。

（4）回忆策略。

很多人采用反复看、反复写的方法来记住单词，这样做的效果很差。有调查显示，尝试记忆是一种很好的回顾方法。

①将所要记住的单词划分为若干小段，根据学习方法，可以把它们划分组块为 7 个单词或短语。

②多读了一些单词后，就日语课本蒙上，然后努力去朗读或默写，想不起的部分，再次朗读并记住。

③把单词背完后，埋头思考，努力朗读或默读，记不住的就先去读汉语的词意，再记不住的去看日语。这样循环下去，直到记住。

④总体而言，60%~80%的训练用在了尝试记忆上，20%-40%的训练用在了阅读上。由于在记忆阶段可以激发学生的自主学习，提高学生的积极思考能力，提高学生的学习效果，将学生的精力放在不记得的内容上，从而减少重复记忆的次数和精力。

第二节　日语技能教学策略研究

一、听力教学策略

（一）言语听解教学概述

日语听力是日语四大基础能力中最重要的一种，它既是教学目标，又是学生获取日语知识和技巧的来源和途径。从传达的意义上讲，听力是一个消化的过程，也是一种语言的学习技巧。

听是一种被动的行为，虽然听的时候会有很多的主动性，比如主观的思考，但是无法拜托其被动地位。

听与阅读一样，都属于领会式言语活动，有感知和理解的过程，其效率也包括理解程度和理解速度两个要素。

外语学习中的听觉技巧主要是指推测能力和预测能力，这些能力的提高通常以阅读理解能力为基础。由于听和读所凭借的感觉器官不同，所以听觉理解能力虽然以阅读理解能力为基础，但是仍需要进行专门的训练，因此这是听力能力培养目标之一。

根据听的心理特点，我们把听的能力概括为迅速捕捉和存储信息的能力、辨别各种语音的能力、适应日语语速的能力、长时间的听解能力、综合和概括的能力、判断能力等。

（二）日语听力教学要点

1. “听音会意”能力的培养

要学会听，首先要学会听音、辩音。日语语音知识教学策略中介绍了日语语音的构成特点。例如，由于汉语中没有长音和短音的区别，对于日语长短音的听解就成为日语听解的一个困难所在。日语中由于音位、音调、音长、节奏等因素的差异而形成的，因此，对声音的准确感受对于正确地了解所说的语言，至关重要。

2. 快速准确存储信息能力的培养

在运用母语会话时，即使听到很长的内容也能够复述出大概的内容，这是在“听”时短时记忆在发挥作用。而在运用日语进行交流时，因不熟悉所听的词语和句法，不熟悉所说的语言环境，不熟悉所说的话，造成其记忆力差，无法快速、精确地记住所说的话，出现听了后句忘了前句的情况，不能够把所听到的内容之间建立起联系，使每一个句子都成为孤立的语言符号，这就会影响听解效果。这也是提高听解能力必须逾越的障碍。

3. 长时间听解能力的培养

无论是听母语还是听外语，当专注于听解一个话题时，有时会因为过度紧张而产生听解疲劳，短时间内大脑运行停滞，产生听解空白。听外语时，这种空白发生的频率会更强，这是源于外语思维方式的变化，语言信息的传递和生成在头脑中还没有建立畅通的路。

日语教学需要帮助学生尽快建立起这个信息输入和产出的网络。通过训练，让学生逐渐适应用日语听解的思维方式，逐步延缓或减少由于紧张、陌生而产生的疲劳，把听日语和听母语的感觉趋向等同。因此，提高学生长时间听解能力也是听力教学的任务之一。

4. 调整思维方式的培养

由于日语和汉语之间存在着差异，因此，在听解过程中要把日语的语言进行思考。这是顺从者潜意识的活动，随着思维习惯的逐渐适应，从汉语和日语两种语言模式的转换，逐渐向完整的语言转变，需要一定的训练。因此，日语听力理解的一个重要环节就是从汉语的思考模式转变为日语听力理解，尽量降低其对听力理解的影响。

5. 准确取舍所听内容主旨的培养

听力理解的一个目的就是要在听的时候，对所听到的东西进行总结、推断和推理。当你用语言思考的时候，你的智商就会下降，比如你的听解能力会下降，你的判断力会变弱，你的预测能力会变得很差，你的思维能力会受到影响，你的思考能力也会受到影响。只有做到思维正常运行，才能称为听解，否则，只是倾听而已。所以，把握话题宗旨也是听解教学的要点。

6. 适应各种语速能力的培养

在听力理解中，最大的难点就是跟不上所听到内容的速度。因为日语的发音和速度有差异，所以要学会去调整自己的语调和语速，这也是训练学生听力理解的关键。

（三）日语听解能力培养策略

1. 一次性听解策略

听力的瞬间特性决定了在听的过程中，要在接收新信息的同时对所接收的信息进行回顾、理解是非常困难的，这就要求听众能够快速地获取和储存信息。在进行以下的听力训练时，我们可以从以下几个方面来帮助学生提高听理解的水平。

（1）不间断听解训练。在使用已有的教材进行听力练习时，应坚持让学员迅速、全面的了解所听到的一切，即便在听的时候出现了一些无法理解的问题，也要避免停下来或者重复。由于反复地重复，会影响听力，一旦养成重复倾听的习惯，就很容易将对听者的注意力放在词语或语言的规律上，从而影响对听力的整体把握。

（2）选编好的听力训练材料。所选听的语言材料中新的语言现象尽量少一些，即使有也要能通过联想、借助上下文猜测出其含义。这类语言材料可以是熟悉的也可以是陌生的。不适合听者听力水平的语言材料对听的训练来说可以达到“练耳”的目的，但是对于听解能力的培养来说意义不大。此外，过难的语言材料会妨碍听者快速综合地理解听的内容，不利于听解能力的培养。

2. 听音会意策略

“听音会意”，是指准确，正确理解话语含义。由于讲话者的出身以及身份、地位不同，男、女、老、幼的音色的不同，不同的人由于音质不同而导致的发音不同等，直接影响到听话人对语音的分辨，影响听解的效果，所以需要具备分辨各种语音的能力，即能够分辨不同地区、不同性别、不同年龄层次的人的日语发音的能力。

辩音能力的训练是在声乐教育中进行的。为了改善学生的听力识别，必须进行多种不同的语音识别，以消除因不同的发音而造成的听力障碍。听力的首要目标在于了解对方的意思，不但要了解对方所传达的信息，还要能准确掌握对方所说的省略或隐含的话，这既要有深厚的日语知识，又要有日本节化学的根基。

二、会话教学策略

（一）会话教学概述

会话也是外语学习的四项基本技能之一，通常被称为“说”。会话是一种积极的言语活动，是不经分析和翻译，迅速地用外语表达思想的一种技能。它不是简单地重复已经学习过的语言材料，而是创造性地组织已经学过的语言材料表达自己思想的一种方式。

会话能力是一种复用式言语能力，要求说话人不仅要以语言能力为基础，还要以领会式言语能力为基础。与听解能力中包含快速理解能力要素一样，会话也需要具备快速表达自己思想的能力。

说话的效率包括构思和表达两大要素。学会用日语说话，特别是要提高日语会话能力，必须以阅读和听解能力为基础，要从阅读和听解中吸收“养料”。

从信息传递角度来看，“说”是主动的过程，“说”的过程是外显的，说些什么，说得好坏，对方很清楚，不难评价。从语言表现形式来看，“说”是表达、输出的过程。

“说”的技能对“听”的技能的提高也具有很大的帮助，能流利地说出的内容一定是能听懂的。听与说的技能都是一种运动——感知技能。从语言的交际功能考虑，口语还是一种交际技能。“听”与“说”的教学必须发展这些技能“说”的这种言语活动能力可以从两个方面获得：一是言语习得；二是语言的学习。言语习得实际上也是一种学习，但是却是一种无意识的学习。习得语言就是不经过听课而学会语言，即在自然的语言交际情景中通过使用语言发展语言能力。

言语习得的结果，是获得一般不通过记忆语言规则但却能判断正确与否的感觉，这就是语感。语言学习是理解知识、自觉了解语法知识，是一种自觉的活动。语言习得有助于培养说外语的能力，语言学习有助于培养监控能力。

通过语言习得启动外语句子，通过语言学习能够得到在思考后进行校正和改错的能力。因为在自然的讲话过程中，说话人没有时间对所说话语的正确性、语法规则进行检查，而是更关注所讲的内容。另外，过多的口语监控会产生停顿、犹豫和话语的不连贯。因此语言的习得对外语能力中“说”的能力的形成至关重要。

过去我们的外语教学重视语言学习超过重视语言习得，现代学习心理的发展为外语“说”的能力形成提供了理论依据。但是在重视语言习得的同时，也不能完全抹杀语言学习对“说”的能力形成所起的作用，既要重视语言的习得又要重视语言的学习。根据会话的心理特点，我们把会话能力概括为：自如地、创造性地运用已经学习过的语言材料表达思想的能力；注意力集中在会话的内容上而不是语言的表达形式的能力上；具备敏捷的思考和快速运用语言的能力；会话过程中的日语思维能力（或排除翻译的能力）；应对无主题对白的语言交际能力；等等。

（二）日语会话教学要点

1. 自信地开口说日语

很多日语学习者都因为担心发音、语流语调不好，担心说错话被人笑话等而羞于开口，导致会写不会说、会看不会说的情况时有发生。因此要提高学生开口说日语的自信，是会话教学首先要解决的问题。

2. 排除母语翻译

许多学习者用日语表达时都是先把要说的话在头脑中用母语考虑一遍，然后再译成日语，造成语言表达不流畅，会话时语速很慢，有时还会使用一些不符合日语表达习惯的语句，出现“汉语式日语”的表达错误，导致交际困难。

3. 提高语速和表达流畅度

语速慢、表达不流畅的原因之一是会话时多用母语思维，用日语表达时依赖翻译，另一个原因是平时在朗读或听音训练中缺乏提高语速的练习，口腔等发音器官的肌肉运动不协调。此外，在练习用日语思维时开始也会出现语速慢、表达内容的逻辑性不强、表达不流畅的情况。

在讨论特别是应对无主题谈话时，思维转换缓慢，不能自如切换谈话的话题，出现思维断档空白，与话题相关的词汇等不能迅速回忆起来，造成交际困难。

4. 既关注语言表达形式，又重视表达的内容

在会话过程中，因为过于重视词汇、语法或语音语调等语言的表达形式，而忽视想要表达内容的逻辑性，导致语言的逻辑、语句与语句之间的内在联系欠缺，所说的语句都是孤立的句子，听起来生硬，难以让听话人把握话题宗旨。

5. 在有声状态下表达时提高思维能力

有研究表明，随着默读习惯的形成，出声说话往往会影响到人的思维能力。成年人与儿童不同之处就是大多已经形成默读的习惯，默读时能够进行判断、推理等思维活动，出声说话时思维能力就下降。而会话需要有声状态下的思维，所以恢复有声状态下的思维能力也是成年人学习外语的一个难题。

（三）日语会话中思维能力的培养策略

提高日语的表达能力首先要以丰富和熟练的语言知识为基础，并辅助以交际中能起辅助作用的非语言手段，达到交际目的。

日语思维简单地说就是用日语思考。思维的形式包括概念、判断、推理等，思维的过程有比较、分析、综合等。将思维的内容用语言表达出来有两种形式：其一是口语表达——会话；其二是笔语表达——写作。

日语教学关于学生思维能力的培养从初级教学阶段就应该有计划地训练。初级阶段学习者所掌握的词汇、语法以及语言表达方式等语言材料数量有限，学习者难以形成完整的日语思维，通常还是以翻译的形式训练用日语表达的技能

1. 背说训练

将背诵下来的文章再进行背说练习，对日语思维的训练来说很有意义。因为背诵时，学习者的记忆表象或多或少地还停留在诸如教科书中本段文字的位置、文字的形状等方面，到了背说阶段，说话人的注意力将会完全集中到要表述的内容的逻辑关系上。

（1）背说不仅是背诵的高度熟练，还是说话者用自我语言表达原作思想的过程，因此，注意体会文章原作者的感受、感情。

（2）背诵与背说都要求说话人要重视文章所表达的中心思想、主要观点。

（3）背说时要尽量保持语句的连贯性，不做不必要的停顿

（4）背说时杜绝“先用汉语想语意，再用日语想表达”的思维方式，要直接用原文的语句来思考和表达，当回忆不起来时，可以参考提纲、关键词、图示等。若还是不能回忆起来，可以翻看原文。

2. 看图说话

表达的困难一个是语言材料，另一个就是构思，没有内容的表达是难以训练思维的。所以，通过看图说话来练习日语思维是一个好方法。

（1）事先准备。初级阶段的看图说话，由于学习者的语言材料较为贫乏，可以事先查找一些相关的词汇。例如，介绍教室，就要准备“教师、学生、书桌、椅子、黑板、门、窗、地图、粉笔、电灯、墙壁”等物体名词，还需要准备“左右、上下、前后、旁边、邻近”等位置名词，最后还要准备表示有无、存在、与否的句型。

（2）反复练习。对于一个图画的表述，可能每一次在语言顺序、中心语、表达的重点上都有差异。例如，初次的会话是以黑板为中心位置表达，门、窗、地图等都在黑板的左边或右边，第二次是以桌椅为中心位置，第三次是以教师或学生为中心位置。这样，每次

相同或不同的表达训练，既提高了对词汇与语法的熟练程度，又有利于日语思维习惯的形成。

3. 仿说训练

边看日语录像或边听日语录音边仿说，有利于提高说话人语言听解能力、记忆能力和日语思维能力。

（1）跟上思路重于跟上发音。在仿说时说话人不仅需要重复音节，更重要的是要跟上录音或录像中说话人的思路。语言从听到说的传递过程与从思维到会话的过程相比，有传递速度上的差异。可能个别词句的仿说不完整，只要不影响到仿说者跟上说话者的思路，仿说就可以持续下去，可以认为是有效的仿说。

（2）逐渐提高仿说的完整度。仿说是在“听”的基础上的“说”，因此与“听”的能力密切相关。只有不断地提高“听”的能力，仿说的水平才会不断提高。

开始训练仿说时可以采取边看文章边听、边仿说的方式练习，以后逐步过渡到参考提纲、参考提示词、只听音仿说。通过训练，仿说的完整性会逐步提高。

（3）仿说要模仿示范读的态度、表情等。仿说训练的另一个作用是在跟随说话人思路的同时，能训练日语语感。通过对录音或录像中说话人的语气、语音、语调的模仿，甚至通过录像画面观察、体会说话人的态度、表情以及肢体语言，来感受日语语言中的省略、寓意等，从而形成对日语的感性认识，达到训练语感的目的。

4. 复述或转述训练

复述或转述通常是指对已经读过或学习过的文章，按照提纲、问题、关键词、人称、人物关系等进行口语复述。因为对于要表述的内容从逻辑到语言点说话人已经做好准备，只是再用日语表达出来，这样的练习，学习者通常会考虑到用日语如何组织语言或表达方式是什么等，注意力就会从翻译过渡到直接用日语思考，因此复述也是训练日语思维的一个好方法。

（1）精练语言。精练复述的语言，以减少日语思维时语言材料选择的困难。尽量用文章中的中心词或中心语句来复述，减少思维过程中语言的障碍。

（2）提高语速。要注意提高复述的速度，以训练思维的敏捷性。提高语速的练习也可以通过朗读训练来进行。

（3）厘清逻辑。厘清要复述的内容之间的逻辑关系、层次，以训练思维的条理性。

（4）按照提纲复述或转述。可以将文章分成若干段，逐段拟出小标题，参考教师的复述或转述示范，然后进行转述或复述的模仿

（5）按关键词复述或转述。将关键词写下，然后将关键词组织成一段话进行转述或复述。

（6）改换人称复述或转述。采用改变课文或文章中的人称，如把第一人称转成第三人称，或者把直接引语转成间接引语、把间接引语转成直接引语等方式，掌握用不同的人物关系叙述事件经过或情节的能力。

第三节　跨文化教学策略研究

一、跨文化教学概述

语言是文化的载体，语言也是交际的工具。语言规律是学习外语的基础，然而，仅仅了解一种语言的规律并不能保证在一定程度上进行良好的交流。学习一门外语，不但要掌握一门外语的规律，还要学会一门外语的文化。

语言文化是指由语言形成的文化，它包括文学、科学、哲学等有一定价值的语言作品或者创造这些作品的人类的活动。广义概念下的语言文化还包括语言本身。语言的文化内涵在语言交际中发挥着重要的作用。

（一）关于语义语境

语言是通过语言符号来表达。在语言表达过程中，声调、语气等可以增添语言规则的含义，隐喻、谐音等语言中固有的文化内涵也可以表达特定语境中的语言深层含义。这些构成一种语言的文化特征的一部分。

（二）关于间接言语表达

语用学的研究成果表明，人们在表达意图时在一些特定的场合（又称语境）会选用不同的词汇或句子，例如使用暗示性语言、参照性语言、主张或要求等表达方式。为了理解这些表达方式，需要了解说话人的态度、普遍的价值取向等。这些价值观、道德观、伦理观、态度、信念、取向等也就构成民族文化的本质特点。

对于直接言语行为的了解是语言规则教学的重要任务，而对于间接言语行为的了解就与语言文化的教学密切相关。

例如，汉语中有“说曹操，曹操到”的典故。如果从字面来理解这句话，可能就会误解这是关于曹操的话题，而实际上是借用历史人物表述一个话语内容。说话人和听话人必须都了解这个典故才能准确进行交流。因此，学习一种语言必须加强对该语言文化内涵的学习。

单纯从语言规则的角度去学习日语，恐怕是难以妥善运用这些表达方式，也难以理解和体会使用这种表达方式时人们的心理。

（三）关于日语中的暧昧表达

日语语言的特点之一就是语言的暧昧性。

日本人常常委婉地表达自己对事物的看法，因此语言中大量使用省略、否定之否定、推测等婉转表达方式。对一些可以直接表述清晰的问题也委婉地说明，这是源于日本价值观中的“互为依存”观念。正是这种“互为依存”观念的存在，才使日本民族的集团主义意识浓厚，遇到问题不会直接将个人愿望强加于他人。

（四）关于日语表达方式的多样性

日语的语言表达方式多样，使传递同样一种语言信息可以采用多种方式。日语语言表达方式的多样性不仅体现在表示请求的固定句型使用上，还包括说话人的状况、目的、愿望、场合、主题等多种形式。与直接表达相比，隐晦、婉转、间接的表达更多，而且有时还将多种表达方式根据语境组合起来使用。

（五）关于日语表达的情感抑制

由于使用外语进行交际时人们普遍存在的“犹豫”的心理特点，也决定了语言表达过程中会使用一些特定的表达方式，语言学将之称为“发话犹豫”。日语语言在这一方面的语言特征非常明显，在交际中经常使用。对于日语学习者来说，需要通过对日本节化的理解来掌握这一语言特征。

对以日语为母语的人们表达习惯的调查表明，通常在开始会话之前，他们会用语言或视线等非言语行为为开始会话做准备，不会突然切入话语主题，有时还要询问听话人是否方便，会注意到绝不给对方增加负担。

在表述话语主题时，也会顾虑到听话人，对内容复杂的事件会用语言提示主题，设置一个停顿，让对方先对话题内容有大致的了解再进行详细说明。也就是说，日语的会话具有以不给听话人增加负担为前提，不断确认听话人的反应，逐渐地、分阶段地表达的特点。

这种对听话人接受语义程度的顾虑和观察，一方面会抑制表达的直接化、言语化，导致交流中大量使用言语省略，通过表达内容之间的内在联系达到言语理解。避免使用直接的否定回答，不得不表示反对意见时，如在网络、短信等交际方式中，通常先不表示出反对的意见或态度，而是先说出自己不同意的理由，进而让对方理解自己的反对态度，避免强硬的判断语气让听话人不容易接受。另一方面，会话中期待对方不断应和，寻求促进话题深入下去的语境。日语表达的这种心理倾向也是我们通过学习必须掌握的。

（六）关于日本人的肢体语言

在语言交际中，除了用文字符号表达的语言外，非言语行为的表情、动作、姿势等也可以传递言语信息，起到交流的作用。例如：日本式见面礼不是拥抱，不是握手，而是互相勒射；当日本人在会话即言语交际中频频点头时，并不是完全表示对所听到的话语内容的赞同，有可能只是代表正在注意倾听。这些动作所表示出来的内涵也需要通过对民族文化的认识来理解和体会。我们在学习语言文化时，常常会以文化翻译的形式来理解异文化。然而，就像人们在翻译外语时总是去找寻词汇或语法上的等价物一样，事实上这是完全不可能的，完全等价的语言翻译就是“不翻译”。

语言的形成是不同民族在不同的生存环境下，从不同的角度来观察客观事物，从而形成的概念系统，文化所包含的道德、人情、价值观等在各个民族的文化表现上也呈现出不同的特征。受人们对异文化的理解与接受程度制约，在跨文化交际中也会出现各种交际结果。

语言的交际功能、语言的民族性和社会性以及文化性决定了日语表达时，在表达心理、表达习惯、表达方法种类等方面与其他语言有显著差异，也就是说用日语进行交际时，不单是要灵活运用语法规则，还要理解和掌握日本式交际心理导致的日语表达方面的差异。

因此，通过日本节化学习可以促进学生的语言理解和言语应用能力，扩展学生的知识结构和认识问题的方法。而且，通过学习日语，了解和认识日本民族和日本社会，还可以为理解其他民族文化提供认识论和方法论，从而为了解世界打开一扇窗户。通过语言学习达成跨文化的理解是日语教学的目标之一。

通过语言学习提高文化素养，提高审美情趣是日语教育的目标之一。脱离语言文化研究日语教学，必将是局限于对语言规则教学的研究，难以达成语言理解，更谈不上语言交际和应用，是不完整的教学研究。

二、跨文化教学要点

（一）异文化接触与认识

日语教学是通过教科书进行的，学生不能深入异文化环境去亲身体会。这种经验是二元的，属于间接经验，同时还受到经验来源渠道的制约。教材、影视剧中文化的信息含量是有限的，受内容或目的的制约，还会出现片面的、个别的、不能代表日本节化根本的信息。即使是这种有限的或是片段的信息还存在着能够被知觉的和不能够被知觉的部分。因此，文化信息接受渠道和能够获得的知识量限制了学生对日本节化的完整、准确认识，需要在教学中由教师有意识地进行补充。

（二）跨文化理解

信息来源渠道会制约我们对异文化的认识，同样也会为跨文化的理解带来困难。造成理解困难的另一个原因就是学生对本族文化的认识程度和态度。

如果在文化理解过程中，自我文化意识过强，文化的迁移就难以实现。全盘否认本族文化，认为“别国的月亮比自己国家的圆”，一味地接受，也会造成跨文化理解的困难。因为，这种态度本身就是放弃比较、放弃分析、放弃发现的态度。因此，理解异文化需要我们有合适的认识态度，全盘否定和全盘吸收都不会有助于对异文化的理解。

而且，日语中存在着大量习用的、固定的格式和说法，借助语境能表达种种言外之意，不了解这些语言规则所蕴含的交际心理，也就不理解日本社会的交际文化。而把握这种语言规则使用的语境，就属于文化理解的学习。在教学中往往更注重对语言现象、规则的指导，忽视这些语言规则所蕴含的文化背景介绍，也就造成语言规则运用不自然情况的发生。

（三）文化迁移

在教学中，经常会出现学生文化迁移困难的情况。主要原因是对异文化的冷漠态度，认为语言学习只要学会了词汇、语法等语言规则就可以了，至于文化的学习不重要。抱有这种认识，就很难从文化的角度去理解“为什么这种场合日语的表达方式会是这样”之类的问题。

实际上这对语言知识学习极为不利。另外，文化迁移困难也源于对日本民族或日本这个国家抱有成见，有排斥心理，始终以批判的态度学习，造成文化迁移的困难。

（四）异文化知识的来源

在非日语环境中开展日语教学，通常语言的文化信息主要来源于间接经验，如书籍、报刊等。因此，对异文化的认识不可避免地受到间接经验的传递者（作者）的影响。

每一位作者在介绍一个观点或感受时，或多或少地带有个人的、主观性特点，可能只是在某一特定场合下的特殊体验，因此，这种体验的客观性就有待确认。如果我们不加分析地全部以“拿来主义”的态度接受，就可能带有认识的片面性，不能够完整准确和真实地认识异文化、感受异文化。

此外，专业日语课程中的日本节化课程通常对于日本社会、风土人情、历史地理、文学等方面的学习较为重视，对于交际心理方面的学习以及日本式的世界观等介入很少，导致学习者所掌握的都是片段的、笼统的认识，而这方面知识正是语言应用中言语交际规则性的知识，不容忽视。所以，课程设置以及学习者对于语言文化学习的重视程度低导致对日本节化理解的片面性。

三、跨文化教学策略

跨文化知识教学通常是与语言知识教学相结合，通过语言知识学习逐步达成接触异文化、理解异文化、融入异文化情境的。为此，在此省略重复的策略表述，仅从跨文化接触和跨文化理解两个侧面来介绍。

（一）跨文化接触策略

1. 语言知识学习

异文化的理解首先要学习语言知识。当然，不利用日语，通过阅读汉语书籍也可以了解异文化。但是从知识量来说，能够被我们翻译过来的文化书籍还是有限的，能够圆满翻译出原汁原味的言语内涵、画外音的作品更是困难。只有通过阅读日语原文书籍，用日语语言体会特定语境下的语言文化，才可以更准确了解、体会日本节化，掌握语言的魅力。

通过语言知识学习来掌握语言文化是异文化学习的必由之路。学习语言知识除了学习语音、词汇、语法之外，由于教科书通常都是有选择地编写各种题材和体裁的文章，教学中还会同时涉及日语修辞以及日本的成语谚语、典故故事等，这些都可以丰富语言文化知识。

（1）灵活深入析课文。日语教学往往注重词汇和语法的教学，而课文教学注重对文本的了解、对文字的使用。课本里肯定有语言文化方面的东西，在教学中除了有关语言知识的指导，还可以指导学生了解语言文化。

（2）有意识的积累和运用。要根据学生在课堂上所碰到的各种非物质文化现象进行分类归纳，引导学生以词汇的视角来认识和了解日语的内涵，以提高学生的日语使用技能，增强其自身的语言体验。

（3）对比。日语与汉语在语言文化方面有相近之处，同时也有差异。这也是能动地学习语言文化的策略之一。例如，从前中国人见面打招呼时爱问“吃饭了吗？”这是困难时期还没有解决温饱问题的人们之间互相关心的体现，在当时的社会环境下没有人会认为这有什么不妥。而今天温饱问题基本解决，人们更注重生活的质量，交际语言也随着社会的发展而不断变化。日本是个多自然灾害的国家，火山、地震、台风、海啸等为人们的生活带来很多不便，所以人们关心自然的心情也格外突出，写信时的标准格式是开头要使用季节问候语，见面打招呼也以天气开头。

2. 指导学生大量阅读

在异文化环境缺失的前提下，从书籍中学习不同的文明，往往会出现缺乏足够的信息。最好的方法就是多看书。阅读不仅是指对课内学习内容的阅读，还包括课外阅读。可以说课外阅读是了解异文化的主要渠道。

由于课堂上的阅读往往是为了掌握语言和语言能力，虽然也有诸如文化教育之类的工作，但是毕竟受时间、内容的限制，不能完整系统地读，不能以平常的心态去体会。因此，异文化的学习主要还是在课外阅读过程中收效更大。

（1）书籍、报刊都可以作为阅读的对象，不仅可以读日语原文的图书，还可以读中文的有关书报杂志。

（2）阅读的题材要广泛，不拘泥于小说等文学作品，只要是与日本相关的信息，包括政治、经济、文化、风土人情、社会地理、历史等，都要作为文化学习的内容，积极吸取，日积月累，逐渐完善。

（3）学习记读书笔记和摘要。因为我们的记忆是有一定规律的，不经过重复会遗忘，养成记读书笔记的习惯对于我们积累信息非常有帮助。

（4）定期归类整理。已经学习过的或者积赞下来的关于文化方面的资料、卡片要随时归类整理，一方面是复习巩固，另一方面是便于以后的学习和查找。

3. 应用互联网

网络帮助我们缩短了与世界的距离，在网络中，我们可以很容易获得大量信息去了解日本。利用互联网学习日本节化，是克服信息量不足、文化体验少这一困难的好办法。

（1）有计划、有目标地上网。网络中的信息含量大，分散注意的可能也大，如网上打游戏、聊天也能消磨掉大块时间。

只有做到有效地利用网络去学习，网络的优势才能真正发挥出来。为此，老师要对网页上的资讯进行评估，引导他们制定网上的教学方案，制定每天的学习重点，就可以减少学生学习过程中盲目地漂在网上的现象，减少无意识学习，也可以尽可能完整地获取知识。

（2）寻找好的网站。查找可信度比较高的网站地址，加入感兴趣的文件夹中。这样可以省却盲目寻找，避免浪费时间。

（3）资料下载。经常下载有价值的资料。对于比较感兴趣的话题，随时保存在文档中或存盘整理，以备复习查询。

（4）网上咨询和讨论。自己的观点或想法、疑问通过网络发布，可以获得帮助。在谈话室可以选择有在日本生活经验的人为谈话对象，就某一话题开展讨论，从中体会自己与对方对某种事物的认识差异，并思考导致这种差异的文化根源。

4. 从日本影视剧中体验异文化

观看日本影视剧也是了解异文化的一个捷径。因为艺术是来源于生活又超于生活的，影视作品折射出的是现实，是一种精神的凝聚，透过电影，我们可以看到日本节化的深层内涵。

（1）反复观看同一日文影视剧。反复观看不仅对于语言的学习有益，对了解日本节化也有帮助。不要只看一遍，了解剧情就结束，如果有条件要反复看。（2）确定每一次观看时的学习任务。第一次观看可能重点在于了解剧情，但是了解剧情并不是通过影视剧学习日语的根本目的。

透过电视节目，可以体验到运用的各种语言特征，以及对风土人情、社会历史等。因此，每一次都要有目的地观看，从中吸取知识，不做故事情节的奴隶，要从旁观者的角度去理解认识剧情，实际上这也是一种客观的、不自觉地对比的过程。

（3）回味与记录。看过后的回味也很重要。从这个影视剧中自己了解了什么，明白了什么，体会到、感受到什么，把这些记录下来，一方面可以加强所学的语言，训练日语的表达能力，另一方面也可以通过对自身的跨文化了解进行总结和梳理。

（二）跨文化理解策略

1. 文化迁移时的态度

通过前面的论述可以知道，对于不同的民族的接纳，将会对日本节化产生直接的影响。而对日本节化的了解，则会对其掌握的语言技能有很大的影响。所以，采取积极有效的学习心态，学习日本化，是非常有意义的。

（1）保持好奇心。不拘泥于个人喜好，对日本节化始终保持好奇心，对日本节化感兴趣，有求知的欲望。

（2）普遍认可。文化的内在因素是相互联系、相互依附的，若因受到不同的领域限制而进行选择性的研究，必然会限制我们的眼界，从而使我们无法全面了解自己的文化。因此，无论是对政治、经济、社会、地理、历史、教育等任何领域的文化知识，我们都不要抱着排斥的态度，要广泛地学习。

（3）有长期学习的思想准备。受学习条件和学习时间、学习阶段的影响，我们不可能一下子就了解到日本节化的全部，必须一点一滴地积累，而且随着学习内容的不断丰富，我们对文化的认识也会从表面到内在，逐渐深入。因此，对文化的认识形成，是一个长期的过程，不要急于求成。而且随着我们对日本节化理解程度的提高，对文化差异性的认识也会不断提高，这种有目的的积累，会为今后的日本学研究打下良好的基础。

（4）辩证分析式接受。在学习日本节化中，我们可以有三种不同的看法：全盘接受，局部接受，全盘否定。从历史的文化研究视角来分析，在社会和历史的发展过程中，人们的价值观念、思想观念和社会思想观念也在不断地改变。

例如，对二次世界大战的看法问题，中日两国政府和人民，在某一些问题的认识上始终抱有分歧，作为一名日语学习者，我们应该从什么角度去认识、对待这些不同的认识也是很重要的。如果不加分析地接受日本国内一些偏激、淡化或遮掩历史的态度，就会伤害本民族的感情。另外，如果拒绝了解日本对这一问题的观点，又不利于我们研究比较两国的社会、历史文化发展脉络。

2. 跨文化交际时的态度

本节就在进行跨文化交流时所持的观点进行了总结：

（1）要避开对不同的理解。跨文化交流中出现误解的一个重要因素“人都是一样的，因为人类具有相似性所以不会产生交际困难”的想法。在生物学和社会生存的角度上，人是很相似的。然而，沟通的本质特征与文化特征、社会特征等因素共同作用，而交流又是文化的结果，认为一切人类都是相同的文化也存在于其中，而基于文化的差异，比认识其他文化与自我固有文化相似性程度更甚的差异性也存在。因此，必须认清两者的差异。

（2）注意语言差异。在运用不太熟练的日语进行交际时，我们容易认为，每一个单词、熟语、文章都具有各自的意义，而且它们只具备自己想要表达的意义。

这种认识实际上是忽视了非言语表现、语调、身体的方向和其他多种行为，以及暗示、简短信息等其他形式的交际方式，把本来很复杂的过程当作一个简单的意义解释，这就必然导致交际问题的发生。

（3）正确理解非言语行为。在不同的语言环境下，人们在进行非语言活动时，往往需要掌握各种不同的语言活动。对于非语言的认识错误，很可能造成冲突，从而影响交流的进程。所以，必须对不同的语言现象有一个准确的认识。

（4）避免固定概念和先入为主观念的影响。对于他人的认识我们很容易受到固定概念和先入为主观念的影响。这些观念影响到我们认识和交际的所有侧面，是不可避免的心理过程。

固定概念或先入为主的认识也就是特别关注事物中的某种特定倾向的认识。正是因为这种选择性注意等对交际产生副作用的心理过程的影响，固定概念才一直维持下去。

（5）注意评价的倾向。在这个由别人和自己组成的社会里，我们的归属感受到了文化的价值的制约，而人们往往会因为有不同的价值而被否定，从而阻碍了人们的交流。

（6）避免高度不安或紧张。与熟识的同文化圈交际相比，跨文化交际容易引起强烈的不安，产生精神压力。无论是在跨文化交际中还是在考试、体育比赛等其他社会生活中，适度的不安或紧张也许会收到好的效果，但是高强度的不安或焦虑会导致思维过程和行为技能的失调。在这种不安或焦虑状态下，人们往往容易夸大其他障碍物的作用，从而得出专断的或没有灵活性的认识。不仅如此，有时即使相反意见具有客观依据，却还是固守着自我固定观念，对不同意见者持否定评价。

对于跨文化交际来说，这绝对不会带来良好的结果。因此，在交际过程中只需要保持适度的紧张而不要过分。

第八章　多元化的日语教学评价体系

第一节　形成性评价

一、日语教学评价现状分析

当前高校日语专业的教学评估，多依靠传统的终结型评估，即通过对学生学业水平和教学水平的评估。尽管终结性评估有许多优势，但也有其不足之处。

（一）评价方式单一

一些老师在对教学评估的认识上存在偏颇，把考核看作是一种教学评估。日语课通常于学期结束后进行一次综合评估，其计算公式是：日常学习分数+期中测试分数+期末测试分数=综合评分。由上述方程式可知，测验是评估的重要手段。这样的评估方法仅侧重于对学生的成绩进行评估，而忽略了对其过程进行评估，从而影响到学生的学习积极性。

（二）评价主体单一

通常情况下，任课教师是教学评价的主体。老师们按照学生的出勤率和分数，将“平时成绩”“期中成绩”“期中成绩”等进行评分。由于没有充分的参与，导致了对学生的主体地位、主观能动性、创造性的缺乏，对学生的自主性、创造性的发展起到了很大的负作用。

（三）评价功能单一

虽然老师们都明白，评估在教育中起着举足轻重的作用，然而，有些老师认为，评估只是一种衡量学生成绩、提高教学质量的工具。这就表明，有些老师仅仅重视评估的测试作用，根据评分对成绩进行排序，从而做出对成绩好坏的评判。但这样的理解却忽略了教学评估在教学中的改善和鼓励作用，不能使教学与学习之间的整体圆环的建立，也不能使师生之间实现良性互动。

二、什么是形成性评价

美国芝加哥斯克里文（Scriven）教授于 1967 年创立了形成性的评估概念。美国知名的布卢姆（Bloom）于 1976 在教育实践中应用了形成性的评估。90 年代以来，许多外国专家和学者都对形成性评估的重要性给予了高度的关注。相对于终结型评估，形成性评估侧重于对学生在日常的学业表现、学业成就、情感、态度、策略等方面的评估，它是在不断观察、记录和反思的基础上进行的。80 年代以来，国内学者开始对形成性评估进行了研究。万勇于一九八三年把形成性评估的概念引进到了教学中。徐组清于 1995 年在英语课堂上应用了形成性评估。从那时开始，在我国掀起了一股对形成性评估的研究。当前，关于形成性评价的主要途径有三种：一是从形成性评价的内涵、特点、在教学中的应用、指导原则、实施方法和作用等方面进行理论上的论述；第二类是从不同的课程视角来探讨如何运用形成性评估在课堂中的运用。第三类是运用形成度评价来促进教学和学习策略的学习。孙南南认为，形成评估对促进学生的学习和发展的作用是非常重要的。黄影妮从自我学习和形成性评估之间的联系出发，讨论了在教学中怎样运用形成性评估来促进学生的自主化。吴转利以江苏高校英语本科院校为例，分析了其英语考试的绩效考核制度和实施成效，指出了在英语课堂上进行形成性评估对于培养大学生的自主性作用。就当前的研究状况而言，我国的相关文献大都停留在定性与描述性的层次，对于相关的理论与实际的运作过程进行了大量的阐述，而对于实证性的探讨则相对缺乏。此外，现有的研究大多局限于英语的教学，很少有人将其运用于日语的教学。虽然英语与日语在某些方面具有相似之处，但由于两种语言的性质和特征，其教学的侧重点与方式也存在较大的差别，应根据日语的教学特征，探讨其在形成评估系统下的教学方式。

三、研究形成性评价的意义

近年来，我国人才市场的竞争日趋加剧，就业环境日趋紧张，随着经济和社会的发展，我国的大学必须不断创新人才的培养方式，而具备跨文化素质的创新型应用型人才更是备受雇主青睐。而教育的品质，则是关系到能否成功完成高素质的人才。所以，对日语专业的要求、对其进行科学的规划、进行科学的评估是实现日语教学的一个重要途径。在日语教学中，应加强对世界先进的教学方法的探索，不断增强其知识性、互动性、多样性、灵活性和拓展性，以激发学生的学习热情，从而有效地促进日语教学。从课程设计、教学到评价三个方面来看，从课程策划到教学再到最终的测试，是一种直线的联系。该评估系统不能真正地体现出学生的日语技能、实际的交流能力、情感、态度、价值观、发展潜力等。要使课程、教学、评价三者形成良性互动，特别是在教学中的评价要与教学本身相结合。作为一名老师，要把课程与教学评估有机结合，把它融入到自己的课堂中去。“嵌入课程”评估方法就是在课堂上应用形成性评估，对学生的整体日语能力进行了全面、客观的评估。它不仅评估了学生的学习进程，也评估了提高教学质量，反映了教师和学生之间的相互关系。形成性评估是一种使学生在已有的基础上继续提高和发展的一种评估方法。在学习过程中，教师要注重对学习的兴趣、学习能力、语言表达能力、协调能力等方面的训练。通过对学生的反馈，可以使学生在教学过程中发现问题，提高教学方法和教学质量。

四、形成性评价的案例应用

为了改变现有的评价方式，笔者与所在地区几所高校的日语专业的十余名教师展开了一次联合教学实验——在综合日语课程开展形成性评价实验。我们对常规的评估进行了修正，60%的形成性评估和40%的结论评估。在评价中，通过学生自我评价、学生互评、教师评价等方式反映了学生的学业成绩。

（一）建立评价的内容及方式，让学生更好地理解评价的内涵、功能和标准，并主动地参加评价

老师在评价学习的同时，也要对作业、日文发表评价、小组学习等日常学习成绩作出评价。与以往的评估方式相比，新的评估方式使评估对象多样化。老师评估依然很有影响力，不过已经不是单纯的评估了。从评估到评估对象，学生可以从自我评估和相互评估中，及时地找到问题并进行改善。

（二）在培养学生综合素质、听、说、读、写、译能力的基础上，把评估与“教”“学”相结合，强调学生的主体性教育

在日语的学习中，词汇量与文法的累积是非常关键的。在日常考试中，老师要对日语的基本知识进行考核，以了解学生在一定时期内的基本知识情况。考试完后，老师会把答案贴出来，让同学们互相评阅。除了对考题进行评分外，学生们也要对考题的答案进行汇总。通过相互评价，可以促进教师进行自我反省，提高教学质量。在相互评估之后，老师将考卷退回，根据学生的学习状况，进行教学反思，适时地调整教学方式和教学策略。同时，还要对学生进行客观、公平的评估。在对学生进行评估时，要以鼓励为主。在日常考试之外，我们也会通过课堂上的演讲来检验他们的应用和表现。要想做好课前的内容，必须要在课堂前充分地运用网上的资源来进行阅读和整理。发表的出版成果以老师的意见为

主，指出学生所出版的内容的优点和不足，并提出改进的办法，使所有的评估都能促进学生的发展、进步和提高。此外，我们还引进了团队协作的方法，把任务式学习与形成式评估相融合。老师把课堂分为几个学习小组，把课堂上的课程划分为几个学习任务，然后由各个小组独立进行评估。在课堂上，教师有计划地观察学生的学习，做好观察和评价记录，并以各种方式对学生进行及时的评价，收集、分析、研究、总结评价记录、评价结果。

五、形成性评价的效果

传统的教育评估以测试结果为基础，这种重结果、轻过程的学习过程，并非每个人都能够获得鼓励和体验成功的喜悦。有些同学对日语学习缺乏自信，缺乏主动性，缺乏有效的教学方法。在实施形成性评估时，以分数论英雄，以学生为主要教学对象，采用多种形式的评估方式，以评语、报告等形式展示其效果。这样的评估方法既能保护学生的自信心，又能激发其主动参加课堂教学。在教学中，学生不但是主要的，也是评价活动的主体。特别是那些日语基础比较弱、性格内向的学生，在这种新的评价模式下，他们能够发挥自己的优势，参与到教学活动中来，对自已和同伴进行评价。

在注重学习过程的同时，形成性评估也着重于学习过程、合作学习和综合学习能力。通过实施成果型教育评估，学生的整体质量和综合能力得到了显著改善。通过团队协作，培养和提高了团队协作能力，解决问题和创新能力。同时，教师的教学观念得到了更新，课堂教学紧紧围绕学生开展，教师由传统课堂的主宰者转变为学生学习的引导者、参与者、合作者。在这种背景下，教师可以更好地了解学生的学业状况，了解他们的需要，而同学也能体会到老师的努力。师生间相互信任，从而有效地提高教学质量。

第二节　表现性教学评价

一、学习目标与表现性评价

日语教学中，传统教学的重点在于教授和培养学生的日语技能，终结性评估，不能对学生进行全面评价。要扭转目前的状况，就需要转变教学理念，更新学习目标，加强日语教学。《普通高等学校本科专业类教学质量国家标准》是适应新时期高校培养新形势下的新要求而制订的。依此标准，学习目的必须包含三项基本内容：可观察行为、行为表现、达成标准。由于学生在实践、问题解决、合作交流等方面的综合评定，传统的终结性评估方法难以对学生进行综合评估，因而必须把表现性评估纳入学生的综合素质测评。在教学目的的基础上，学生的学业成绩评估分为两个方面：作业与评估。日语语言表达任务是指教师依据课本的要求，在一定程度上，通过对所掌握的语言技能，使其在日常生活中实现各种语言活动，解决现实生活中遇到的问题。因此，在设计教学工作的过程中，要针对学生的学习目的制定相应的评估指标。围绕着学习目标，表现性评价要求学生重新组合已经掌握的语言知识，在具体情境下通过知识的迁移完成表现性任务。表现性评价不仅重视结果，也重视过程，它对操作行为做出评价。

二、表现性任务和表现性评价标准

（一）表现性任务的设计

在课堂二语习得情境下，日语教学中的资讯产出与互动相对较低，因此老师要为学生提供更多的表现形式，例如演讲、角色扮演、完成课题、短剧表演、辩论等，为学生提供更多的语言实践空间。表达式的工作要求用清晰的文字来表达和衡量和评估。我们可以参考日本《JF 日语教育标准 2010》（JF）的教学规范。JF 的 JFCan-do 设计了 15 种语言活动，包括接受理解，信息输出，交流互动，中介语言活动。JFCan-do 描述了行为，条件，话题，场景，目标，以及行为必须符合的准则。JFCan-do 的说明充分反映了表达式的工作所必需的元素，所以 JFCan-do 的“信息输出”“交流互动”等各种言语行为可以为我们在设计表达任务时提供一定的参考。

（二）表现性评价标准的制订

表现型评估既注重过程，又注重成果，是一个有机的综合。美国教育评估专家斯蒂金斯（Stiggins）指出，课堂上的教学品质，归根结底是由课堂上所使用的评估品质决定的，只有在课堂上有效地使用这些评估，才能提高学生的学习效率。所以，在教学过程中，教师要制定一套既能反映学生的学习表现内容，又能反映出对学生的学习效果的满意程度。我们可以参照 JF 准则制定评估准则。六个级别（A1，A2，B1，B2，C1，C2），参考《欧洲语言共同参考框架学习、教学、评估》JF 的 JF 规范，详细地说明了各个级别可以实现的性能。日语的水平是一样的，那么就是内容、活动、话题的展开、流利、词汇、语法、发音五个方面，而在每个项目的后面，还有四个层次，分别是：努力、接近目标、达成目标、超越目标，综合评估日语学生的语言能力和语言活动能力。老师们可以参照 JFCan-do 制定评估准则。在此我们必须说明，JFCan-do 在定义不同级别时，其评估的准则十分严谨。在评估日语的过程中，教师不必把学生的日语水平与 JF 的水平相比较，而应根据教学实践，保持相同的课次的一致性和连续性，并参照 JFCan-do 制定适合本国特点的英语教学和学生的综合素质评估。

第三节　混合式教学评价

一、教学功能的分类与评价

教学评估是教学工作的一个关键环节，因而，如何构建一个客观、科学、全面的教学评估系统是大学教学工作的重中之重。从近年来国内外高校教育评估体制的变化来看，高校评估职能已经从根本上改变了。评估已不仅仅局限于对学生的筛选，更应促进学生的潜能、个性和创造性的发挥，培养学生的自信与可持续发展的潜能。

二、建构混合式教学评价体系

教师评估是以教育目的为基础，制定科学的教学标准，利用各种技术方法对教育活动和结果进行测量和评估，并对其进行价值评判。作者在多年的实践中，把过程性评价、终结性评价和实践性评价有机地融合在一起，从五个环节构建了复合型的评价系统。

（一）过程性评价

从课堂前、课堂和课后三个阶段，通过对学习参与度、互动性和目标达成情况进行评估。利用网上的资源上传、问卷、头脑风暴、作业、答疑讨论、经验值统计，作者在课堂上搜集了大量的资料，据此动态地评价学生线上课前预习阶段、线下课堂讲授阶段、线上课后复习阶段的表现，从而及时掌握学生的学习动态。在线上课前预习阶段，主要评价学生完成笔者事先上传到互联网教学平台的预习任务的完成情况。

（二）终结性评价

终结性评价采用的是以期中和期末考试为主的常规考试方式。老师们可以把期中、期末测验等作为最终评估，考察每个学期的学习成果和学习的全面应用。

（三）实践性评价

实践评估着重于评估学生在技术实践中的实际成绩，以及国际日语水平测试的及格率。日语属于实践性专业，在校大学生除了要在本校学习日语的国际水平测试之外，还要在省内和国外的各种技术竞赛中参与。在应聘和参赛期间，学员必须将平日所学到的日语知识应用于日语的全面学习中，并促进其对所学内容的学习。从以上几个方面对学生的全面素质进行评估。

第四节　“OPI”评价体系

一、“OPI”评价体系研究综述

（一）“OPI”是什么

“OPI”是美国语言教学学会组织的“一对一对话能力考试”的简称。“OPI”语言能力测评的评估标准是：在“听”“说”“读”“写”四大基本技能的基础上，从整体课题、情境、话题、教材类型、语言准确性四方面进行全面的评估。

（二）“OPI”是如何形成的

20世纪80至90年代末，英语能力测评“ACTF-OPI”是衡量外语学习者交际能力的一个重要指标，也是许多国家语文教育工作者所重视的一种评估方法。在日语教学领域，人们也发出了这样的声音：学习日语语言的需要不是学习所学的知识的数量。日语的重点是“提高学生的交际技能”，因此以实践为主的日语交流能力的日语教学模式开始受到越来越多的教师的关注。

因此，基于OPI理念，一些日语学者在对学习者进行日语能力测试的时候将侧重点放在了学习者的日语实践能力上，逐渐形成了“OPI”日语教学评价体系。）

（三）“OPI”的四要素

从本质上讲，“OPI”只是一种会话测试，而不是一种评价方式。但是它能够对人们的语言能力和语言习得的情况做出评价，并且适用各种语言。也就是说，“OPI”可以作为一种语言学习的基准对学习者进行评价。在日语教学中采用“OPI”这种评价体系，我们需要注意以下四个要素：

1. 综合课题/应变

综合课题/应变是对学生学习应变能力的考查。在学习的不同阶段，综合课题/应变有着不同的评价要求。在初级阶段，学生还没有形成日语语言机能，教师可以通过让学生背诵高频语句、常用表达来评价他们掌握日语的程度。在中级阶段，学生能够在教师给出的情境中流利地进行表达。尽管学生可以完成会话，但是他们没有获得会话的主导权。在高级阶段，学员可以提供详尽的描述，以及应付紧急情况的能力。在超级的学习中，同学们可以通过“假想”来解决句子中的不连续性。

2. 情景・话题

运用情景、话题作为评估要素对学生的学业能力进行了分类。初级教育中，应选用与学生实际相结合的寒暄语言进行测试。在中等水平，老师可以选择与学生实际接触的对话。在较高级的学习中，学员可以运用简短的对话和在正规情况下运用适当的言语。在高级学习中，不管是在正规的或非正式的语言中，学员都可以就抽象和专业的话题进行沟通。

3. 教科书的类型

通过日语教科书的类型，对不同阶段的学生进行评价。在初级阶段，应该使用侧重词汇、句子学习的教科书。在中级阶段，使用侧重注重学习文章的教科书。在高级阶段，应该使用培养学生把握文章段落的能力的教科书。在超级阶段，使用培养学生分析复杂文章段落的能力的教科书。

4. 语言准确性

日语教学中存在着六个方面："语法""词汇""发音""社交语言""语用能力"和"流畅性"来进行对学生的评估。

二、如何看待"OPI"评价体系

OPI是衡量不同外语学习者对目标达成的程度的评估指标。教学方法不重视学生的学习，重视学生在外语教学中的应用，重视学生的实际应用。从20世纪80年代开始，日语教学开始引入"OPI"评价体系，引起了越来越多的学者和一线教师的关注。学界对"OPI"评价体系的理论研究也比较多，比如OPI理论的方式技巧、展示OPI理论研究内容的妥当性、OPI评价体系的教学应用等。由此我们可以得出这样一个结论，"OPI"是日语学习的一种评估方法，它的评估方法与内容都是切实可行的。"OPI"评价体系适应了时代发展的需要，成为评价社会所需人才的一种基准。

第五节　"Can-do"评价体系的实践教学

一、什么是"Can-do"评价体系

Can-do是JF中关于语言技能和语言行为的具体说明。"Can-do"表示能够运用日语，并能够完成工作，并精通日语。"JFCan-do"最初是以日语技能为基础的概念，对日语的

运用情况及具体的言语行为进行了初步的构想，并将其分为 A1（初级）、A2（基础）、B1（进阶）、B2（高级）、C1（熟练）。日语学习者从简练的短句子到兼顾听众感觉的口语表达，是一种由浅入深、循序渐进的发展与发展。在不同级别的基础上，情境会变得越来越复杂，题目也会越来越困难，学生可以根据各个阶段的具体要求，对当前的课程进行评价，从而确定自己的英语水平，确定自己的未来的学习方向，增强自己的日语应用技能。

二、“Canido”评价体系在基础日语中的应用

“My can do list”是在“Can-do”理论的指导下，制订一个适合自身教学条件、教学内容、教学对象的教学计划、教学目标以及评价方法。它主要解决在教学中“能做什么、可以做什么”的问题。通过“Can-do”体系可以制订教学计划、评价教学效果，还可以以“Can-do”为基础实施一些激发学生学习动机的调查活动。评价表格分为自我评价表、教师评价表、师生共评表等。在激发学生学习动机以及对学生进行的调查方面，主要是通过调查学生目前的学习心理状况、分析他们在目前阶段学习的动力来源，从而研究个体学习动机的差异。通过调查、分析、总结出个体学习动机的共同点，这个共同点就是教师进行课堂设计和教学活动的重要参考。日语教师借助这些分析数据，可以巧妙地制订教学计划、合理地安排教学步骤，以达到最佳的教学效果。

三、基于“Can—do”评价体系的 ARCS 教学模式

教学模式是以某种教育思想、教学理论和学习理论为指导的教学过程的一种固定的结构形态。教学模式是教育思想、教学理论和学习理论的有机结合。教学方式的变革势必牵动教育思想、教学观念、教学理念等根本问题，教学方式变革是教学理念的深层变革。在现代教育背景下，教师、学生、教材三大元素组成了传统的教育体系。这些元素并非简单地孤立地拼合起来，它们是相互联系、相互影响而形成的一个有机的整体。

四要素相互联系、相互作用，构成了一种固定的教学过程，它反映了四要素之间的相互联系和相互作用。传统的“以老师为本”的教学方式，其特征在于老师通过讲授、板书和教学媒体的帮助，把教学的知识传授到学生的身上。在这种教学方式中，老师是积极的，而学员是外在的消极的受教育者。当前我国大学日语新教育方式，其关键就是要使学生的主动性、创造性地参与到学习活动中去，使他们能够自觉地参与到信息的处理和活动中，而不是作为被动的接受者。而在教学过程中，老师应该是教学的组织者、指导者、助推者，而非知识的灌输者和课堂的主人。“Can-do”评价体系也有其倡导的教学模式。其中，ARCS 模式是最新，也是最重要的一种模式。ARCS 模式是一种启发和培养学生学习

主动性的教学模式。没有积极性，不管采取何种教学方式，都会影响到课堂的教学成效。

当然，好的教学方法对于调动学生的学习主动性和提高他们的学习兴趣是有辅助作用的。但是动机和兴趣是前提性的，因此 ARCS 模式特别重视及解决学习动机问题。ARCS 模式是通过引起学生的注意（Attention）—关联性（Relevance）—自信心（Confidence）—满足感（Satisfaction）四条途径来培养学习动机的。具体来说“注意”使学习者觉得“课程很有意思”。例如，在上课过程中突然有什么发生了改变或者有什么非常有趣的事情发生。“关联性”使学生感觉“有做的意义”。例如，现在所学的知识将来会有什么用，现在所学的知识和自己熟知的事情有关联等；“自信心”使学生感觉到“只要做就能做到”。在这一点上不能一开始就让学生感觉做了也没用，应该让他们感到成功的喜悦，逐渐增强其自信心。“满足感”让学生感觉到“幸亏做了！太好了！”例如，教师如果让学生做了什么作业，那请一定尽最大努力收集并且修改、反馈，给学生以做过作业之后的满足感。笔者曾经以传统的教学模式进行了多年的基础日语教学，虽然也有一定的成效，但是随着时代的进步，特别是当学生群体发展为一批充满活力的、非常有个性的、有很多现代思想的 95 后、00 后学生时，传统的教学模式已经在教学过程中稍显吃力。

参考文献

[1]［瑞士］索绪尔．索绪尔第三次普通语言学教程［M］．上海：上海人民出版社，2007.

[2] 樊和平．儒学与日本模式［M］．五南图书出版公司，1995.

[3] 陈俊森，樊葳葳，钟华．跨文化交际与外语教学［M］．华中科技大学出版社，2006.

[4] 贾玉新．跨文化交际学［M］．上海：上海外语教育出版社，1997.

[5] 何自然，冉永平．语用学概论（修订本）［M］．长沙：湖南教育出版社，2006.

[6]［日］金田一春彦．日语概说［M］．北京：北京大学出版社，2004.

[7] 金陵．翻转课堂与微课程教学法［M］．北京：北京师范大学出版社，2015.

[8] 教育部．九年义务教育课程标准［M］．北京：北京师范大学出版社，2001.

[9［日］高见泽孟．日语教学法入门［M］．北京：外语教学与研究出版社，2009.

[10] 吴耘．电影视听英语教程［M］．北京：北京大学出版社，2002.

[11] 张汉昌．开放式课堂教学法研究［M］．开封：河南大学出版社，2000.

[12] 陈岩．语法指导与实践［M］．大连：大连理工大学出版社，2010.

[13] 林璋．汉日语言对比研究论丛［M］．北京：北京大学出版社，2013.

[14] 吴薇，泉田真里．那些无法忘记的日剧［M］．大连：大连理工大学出版社，2009.

[15] 颜晓东，董博．日语情景口语［M］．上海：世界图书出版公司，2009.

[16] 王忻．新日语语法时体态语气［M］．北京：外文出版社，2001.

[17] 彭宣维．功能语法导论［M］．北京：外语教学与研究出版社，2010.

[18] 鲍海昌．日语表现［M］．北京：外语教学与研究出版社，1998.

[19] 真田信治．日本社会语言学［M］．北京：中国书籍出版社，1996.

[20] 朱京伟．日语词汇学教程［M］．北京：外语教学与研究出版社，2005.